Manfred Schneider

… aber ist das eine Antwort?

Heinrich Heine und die Religion

LIT

Umschlagbild: Heinrich Heine mit 30 Jahren
Radierung von Emil Ludwig Grimm
(Landesbildstelle Rheinland)

Dieses Buch erscheint im Auftrag und mit Förderung
der Gesellschaft für Christlich-Jüdische Zusammenarbeit
in Münster.

Ich widme es meiner Tochter Miriam.
M.S.

Bibliografische Information Der Deutschen Bibliothek
Die Deutsche Bibliothek verzeichnet diese Publikation in der Deutschen
Nationalbibliografie; detaillierte bibliografische Daten sind im Internet
über http://dnb.ddb.de abrufbar.

ISBN 3-8258-8000-1

© LIT VERLAG Münster 2004
Grevener Str./Fresnostr. 2   48159 Münster
Tel. 0251–62 03 20   Fax 0251–23 19 72
e-Mail: lit@lit-verlag.de   http://www.lit-verlag.de

INHALTSVERZEICHNIS

Geleitwort	1
Vorbemerkung	3
"Welcher recht hat, weiß ich nicht …"	7
Heine und Westfalen	11
Jüdische Wurzeln	19
Auf der Suche nach der eigenen Identität	27
"Was Gott kocht, ist gut gekocht …"	49
Kulinarisches Intermezzo	75
"Wem geb' ich meine Religion …?"	81
Jüdische Leiden und christliche Seufzer	85
"… aber ist das eine Antwort?"	117
Statt eines Schlusses	131
Literaturhinweise	133

GELEITWORT

"Du gabst mir deine Hände,
Mein Lieb, zu stillem Tanz,
Da sah ich die Schlange sich züngeln
In deinem Rosenkranz.

Wir tanzten den Ringelreihen,
Mir ward es so wohl und so weh.
Der Flieder hat's mir geflüstert,
Daß ich dich nicht wiederseh.

Madame, so ist das Leben,
Es gleicht dem Tanz genau.
Wir tanzen die gleichen Touren,
Es wechselt nur die Frau."

Typisch Heine, wohl wahr. Aber nicht von Heine, sondern von Rudolf Bultmann, dem großen protestantischen Theologen des vorigen Jahrhunderts, der den banalen Vierzeiler eines längst vergessenen Poeten aus dem vorvorigen Jahrhundert namens Bierbaum im Stil Heinrich Heines (und neun weiterer deutscher Dichter) als Programm-Beitrag für ein akademisches Fest umschrieb. Der von Bultmann karikierte Text lautet: "Ringel, Ringel, Rosenkranz, ich tanz mit meiner Frau. Wir tanzen um den Fliederbaum. Ich dreh mich wie ein Pfau."

Das Beispiel mag den ungebrochenen Reiz belegen, den Heinrich Heine als spöttischer Sprachkünstler, als ironischer Kritiker wohlfeiler Empfindungen, als notorischer Spielverderber tiefsinniger Gemütsmenschen, aber auch als anregender Beobachter des Allzumenschlichen auf die Gebildeten unter seinen aufgeklärten Bewunderern bis heute ausübt. Geistreich finden sie im Heineschen Erbe sogar Anleitungen "für Leser mit feinem Geschmack" zum "Essen und Trinken mit Heinrich Heine" wie Jan-Christoph Hauschild, der als Fachmann ausgewiesene wissenschaftliche Redakteur der historisch-kritischen Heine-Ausgabe von 1986 - 1990.

Im Rahmen einer wiederholt erfolgreich veranstalteten literarischen Soiree, für deren Teilnehmer jeweils ebenfalls ein Glas guten Weines bereitstand, hat Manfred Schneider, Buchhändler in Münster sowie mit Judentum nach Geschichte, Brauchtum und Frömmigkeit wohl vertraut, aus Heines Gedichten, Briefen und Prosatexten eine einfühlsam kommentierte Collage dargeboten, die des Dichters Beziehung zur Religion belegt: eine überaus widersprüchliche, suchende, herausfordernde, kundige, erlittene, zuletzt womöglich ergebene und doch am Ende dem Streit der Religionen mit gewohnter Ironie himmelhoch enthobene Beziehung.

Kann Heines persönlich wohl eher leidvoll errungene Einstellung zum jüdisch-christlichen Gottesglauben uns Bürgern einer zunehmend multireligiösen Gesellschaft hilfreich sein? Jedenfalls regt sie in der freundlichen, doch immer ernsthaften literarischen Vermittlung durch Manfred Schneiders kommentierte Collage zu ehrlichem Nachdenken an.

Die Gesellschaft für Christlich-Jüdische Zusammenarbeit Münster dankt ihrem Vorstandsmitglied Manfred Schneider für die Bereitschaft, das Manuskript der in ihrem Auftrag durchgeführten Abendveranstaltungen für eine Buchveröffentlichung entsprechend umzuarbeiten und zu erweitern.

Wir vertrauen darauf, daß Heinrich Heines satirische und polemische, liebevoll-ironische und nüchtern-empfindsame Beschreibungen von Zeitgeist und Zeitgenossen einer vergangenen Epoche auch unserer eigenen zeitkritischen Standortbestimmung in Sachen Religion eher mehr als minder aufhelfen werden.

Gesellschaft für Christlich-Jüdische Zusammenarbeit Münster
Jürgen Hülsmann, Ev. Vorsitzender

VORBEMERKUNG

Dieses Buch ist entstanden aus einer literarischen Soirée, die der Autor für die Gesellschaft für Christlich-Jüdische Zusammenarbeit in Münster konzipiert hatte. Es handelt sich also dabei nicht um eine wissenschaftliche Publikation, sondern um eine Text-Collage mit einem feuilletonistisch-lockeren Kommentar - gelegentlich nicht frei von recht subjektiven Bemerkungen oder auch provokant scheinenden Formulierungen, die mancher Leser vielleicht als gar zu überspitzt empfinden mag.

Die Lyrik und die Prosatexte werden zitiert aus der Ausgabe "Heinrich Heine, Sämtliche Werke", herausgegeben von Hans Kaufmann, Aufbau-Verlag Berlin (hier: Lizenzausgabe im Kindler-Verlag München 1964), mit der Bezeichnung des Bandes in römischen Ziffern; die arabischen Zahlen beziehen sich auf die jeweilige Seitenzahl. Da auch die Werktitel angegeben werden, ist ein Auffinden auch in anderen Ausgaben leicht möglich. Das trifft auch auf die Briefe zu, aus denen mit Angabe des Adressaten, des Ortes und des Datums zitiert wird. Anmerkungen wurden auf ein Mindestmaß beschränkt. Die Literaturhinweise am Schluß des Buches beziehen sich auf Titel aus meinem privaten Bücherregal. Darüber hinaus wird ein Interessent in jeder öffentlichen Bibliothek fündig werden.

Dem Auftraggeber und Herausgeber dieses Buches, der Gesellschaft für Christlich-Jüdische Zusammenarbeit Münster, sei Dank gesagt für die ideelle und finanzielle Förderung dieses Vorhabens.

Auch dem Institutum Judaicum Delitzschianum an der Universität Münster und seinem Direktor, Herrn Professor Dr. Folker Siegert, bin ich sehr dankbar für die Ermunterung zu dieser Publikation und für die Hilfe, die ich dabei erfahren durfte.

Für die angemessene Umsetzung und Drucklegung dieses bescheidenen Büchleins danke ich dem LIT-Verlag und seinen Mitarbeitern.

Den Lesern wünsche ich viel Freude bei der Lektüre.

Manfred Schneider

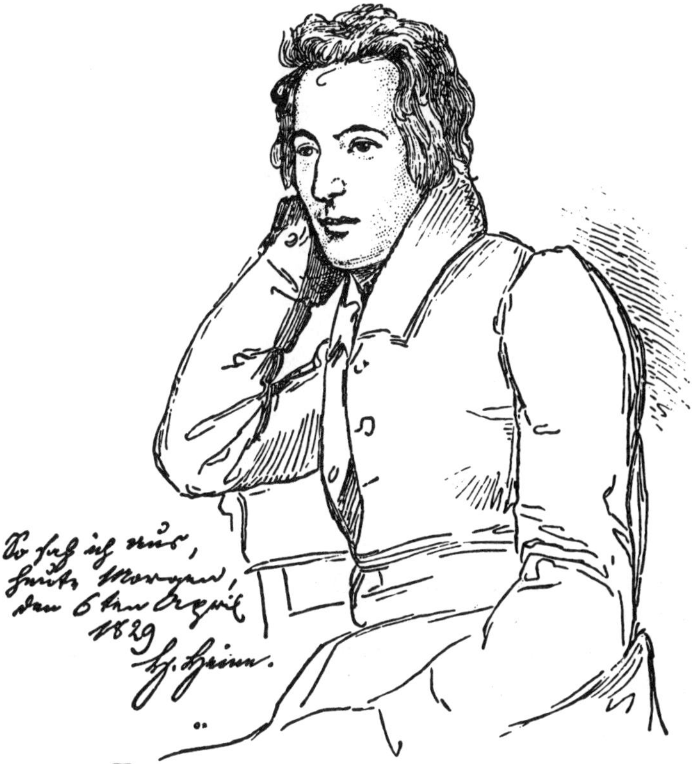
So sah ich aus,
heute Morgen,
den 6ten April
1829
H. Heine.

"Mir träumt': ich bin der liebe Gott
Und sitz im Himmel droben ..."
*Heinrich Heine am 6. April 1829,
Zeichnung von Franz Kugler*

"WELCHER RECHT HAT, WEISS ICH NICHT ..."

Die Liebe ist das große Thema der Lyrik Heinrich Heines - insbesondere die unglückliche. Aber auch die hohe Politik und die öffentlichen Zustände sind Gegenstand seiner spitzen Feder - sowohl in den großen Gedichtzyklen "Deutschland. Ein Wintermärchen" oder "Atta Troll" - als auch in seiner Prosa: den Essays und Feuilletons, den Berichten und Briefen.

Schon als Jugendlicher setzte er diese beiden inhaltlichen Schwerpunkte:

... ich küßte sie [1] nicht bloß aus zärtlicher Neigung, sondern auch aus Hohn gegen die alte Gesellschaft und alle ihre dunklen Vorurteile, und in diesem Augenblicke loderten in mir auf die ersten Flammen jener zwei Passionen, welchen mein späteres Leben gewidmet blieb: die Liebe für schöne Frauen und die Liebe für die französische Revolution ...

(XIII, 213 - Memoiren)

So fühlte Heine bereits in jungen Jahren. Und noch drei Jahrzehnte später - bereits im Pariser Exil, nur wenige Jahre vor seiner schweren Erkrankung - ruft er voller Enthusiasmus:

Schlage die Trommel und fürchte dich nicht,
Und küsse die Marketenderin!
Das ist die ganze Wissenschaft,
Das ist der Bücher tiefster Sinn.

---

[1] Diese "sie" ist das "rote" Sefchen, die Scharfrichtertochter, die einem geächteten Berufsstand angehörte

Trommle die Leute aus dem Schlaf,
Trommle Reveille mit Jugendkraft,
Marschiere trommelnd immer voran,
Das ist die ganze Wissenschaft.

Das ist die Hegelsche Philosophie,
Das ist der Bücher tiefster Sinn!
Ich hab sie begiffen, weil ich gescheit,
Und weil ich ein guter Tambour bin.
(II, 43 - Neue Gedichte II. Teil, Zeitgedichte Nr. 1)

Das mag vielleicht ein wenig laut und pathetisch klingen - wie so manche seiner heftigen politischen Sentenzen und Gedichte, die allzu häufig die Zensur auf den Plan riefen - ein echter Kontrast zu den vielen gefühlvollen, gelegentlich gar sentimentalen, vielleicht auch ironischen, fast immer aber leisen Liebesgedichten.

Diese beiden Pole "Die Marketenderin küssen" und "Die Trommel schlagen" scheinen in Heines Werk zu dominieren. Ein dritter inhaltlicher Schwerpunkt wird dabei jedoch allzuleicht übersehen: die Religion. Für Heine selbst ist das jedoch ein gewichtiges Thema:

Seit zehn Tagen wohne ich ganz allein in Wandsbeck, wo ich seitdem noch mit niemandem gesprochen, außer mit Thiers[2] und dem lieben Gott - ich lese nämlich die Revolutionsgeschichte des einen und die Bibel des anderen Verfassers.
(An Karl August Varnhagen von Ense - Wandsbeck, 5. April 1830)

Dieses komplizierte, ambivalente Verhältnis "Heinrich Heine und die Religion" wollen wir mit Zitaten aus Gedichten, Prosa und Briefen etwas ausleuchten. Dabei dürfte sich allerdings so manches Licht möglicherweise als Irrlicht entpuppen: "Welcher recht hat, weiß ich nicht ... ". Jedoch wird uns dabei zu-

---

[2] *Adolphe Thiers, 1797 - 1877, französischer Politiker, Journalist und Historiker*

mindest klar werden, warum Heine weder bei orthodoxen Juden noch bei "orthodoxen", (str)enggläubigen Christen sonderlich beliebt ist.

"... aber ist das eine Antwort?" - so fragt Heine. Und er fragt vergeblich: eine Lösung hat er nicht gefunden. Auch dieses Buch muß die Fragen offen lassen. Vielleicht werden wir aber ermuntert, unsererseits Fragen zu stellen.

HEINE UND WESTFALEN

Aber zunächst: dieses Buch ist in Münster entstanden, also mitten im Westfälischen. Und deshalb fangen wir auch mit etwas Westfälischem an:

> Mein Fritz lebt nun im Vaterland der Schinken,
> Im Zauberland, wo Schweinebohnen blühen,
> Im dunkeln Ofen Pumpernickel glühen,
> Wo Dichtergeist erlahmt, und Verse hinken.
>
> Mein Fritz, gewohnt, aus heil'gem Quell zu trinken,
> Soll nun zur Tränke gehn mit fetten Kühen,
> Soll gar der Themis Aktenwagen ziehen -
> Ich fürchte fast, er muß im Schlamm versinken.
>
> Mein Fritz, gewohnt, auf buntbeblümten Auen
> Sein Flügelroß mit leichter Hand zu leiten,
> Und sich zu schwingen hoch, wo Adler horsten,
>
> Mein Fritz wird nun, will er sein Herz erbauen,
> Auf einem dürren Prosagaul durchreuten -
> Den Knüppelweg von Münster bis nach Dorsten.
>
> (III, 284 - Nachlese zu den Gedichten. 1812-1831,
> An Personen - Widmungen)

Die Beziehungen Heinrich Heines zu Westfalen sind eigentlich nicht sonderlich erwähnenswert oder gar bedeutend. Trotzdem steht am Beginn dieses Buches dieses Gedicht. Es handelt sich dabei um eines der wenigen Sonette Heines:

> Die Sonettenwut grassiert so in Deutschland, daß man eine Sonettensteuer einrichten sollte.

(XIV, 122 - Aphorismen und Fragmente)

Er hat es Fritz von Beughem gewidmet, dem Freund aus Bonner Universitätszeiten, den es als Juristen hierher ins Westfälische verschlagen hatte.

Außer diesem gab es zwei weitere Studienfreunde Heines hier in unserer Region: Friedrich Steinmann, der als Redakteur, Publizist und Herausgeber in Münster wirkte, und Christian Sethe, der bis 1845 hier als Regierungsrat tätig war. Beide hat Heine 1843 anläßlich seiner "Winterreise" nach Hamburg zu seiner Mutter auf dem Hin- und Rückweg besucht.

Heine ist also hier in Westfalen eher nur auf der Durchreise. Ein anschaulicher Reisebericht findet sich in seiner politischen Satire "Deutschland. Ein Wintermärchen":

> Von Köllen war ich drei Viertel auf acht
> Des Morgens fortgereiset;
> Wir kamen nach Hagen schon gegen drei,
> Da wir zu Mittag gespeiset.
>
> Der Tisch war gedeckt. Hier fand ich ganz
> Die altgermanische Küche.
> Sei mir gegrüßt, mein Sauerkraut,
> Holdselig sind deine Gerüche!
>
> Gestovte Kastanien im grünen Kohl!
> So aß ich sie einst bei der Mutter!
> Ihr heimischen Stockfische, seid mir gegrüßt!
> Wie schwimmt ihr klug in der Butter!

Jedwedem fühlenden Herzen bleibt
Das Vaterland ewig teuer -
Ich liebe auch recht braun geschmort
Die Bücklinge und Eier.

Wie jauchzten die Würste im spritzelnden Fett!
Die Krammetsvögel, die frommen
Gebratenen Englein mit Apfelmus,
Sie zwitscherten mir: "Willkommen!"

"Willkommen, Landsmann" – zwitscherten sie –,
"Bist lange ausgeblieben,
Hast dich mit fremdem Gevögel so lang
In der Fremde herumgetrieben!"

Es stand auf dem Tische eine Gans,
Ein stilles, gemütliches Wesen.
Sie hat vielleicht mich einst geliebt,
Als wir beide noch jung gewesen.

Sie blickte mich an so bedeutungsvoll,
So innig, so treu, so wehe!
Besaß eine schöne Seele gewiß,
Doch war das Fleisch sehr zähe.

Auch einen Schweinskopf trug man auf
In einer zinnernen Schüssel;
Noch immer schmückt man den Schweinen bei uns
Mit Lorbeerblättern den Rüssel!

(II, 170 f - Deutschland. Ein Wintermärchen, Caput IX)

Gut gestärkt mit deftiger westfälischer Kost geht die Reise weiter. Und im nächsten Kapitel ist Heine von Hagen aus bereits in Unna gelandet:

Dicht hinter Hagen ward es Nacht
Und ich fühlte in den Gedärmen
Ein seltsames Frösteln. Ich konnte mich erst
Zu Unna im Wirtshaus erwärmen.

Ein hübsches Mädchen fand ich dort,
Die schenkte mir freundlich den Punsch ein;
Wie gelbe Seide das Lockenhaar,
Die Augen sanft wie Mondschein.

Den lispelnd westfälischen Akzent
Vernahm ich mit Wollust wieder.
Viel süße Erinnerung dampfte der Punsch,
Ich dachte der lieben Brüder,

Der lieben Westfalen, womit ich so oft
In Göttingen getrunken,
Bis wir gerührt einander ans Herz
Und unter die Tische gesunken!

Ich habe sie immer so lieb gehabt,
Die lieben, guten Westfalen,
Ein Volk, so fest, so sicher, so treu,
Ganz ohne Gleißen und Prahlen.

Wie standen sie prächtig auf der Mensur
Mit ihren Löwenherzen!
Es fielen so grade, so ehrlich gemeint,
Die Quarten und die Terzen.

Sie fechten gut, sie trinken gut,
Und wenn sie die Hand dir reichen
Zum Freundschaftsbündnis, dann weinen sie;
Sind sentimentale Eichen.

Der Himmel erhalte dich, wackres Volk,
Er segne deine Saaten,
Bewahre dich vor Krieg und Ruhm,
Vor Helden und Heldentaten.

Er schenke deinen Söhnen stets
Ein sehr gelindes Examen.
Und deine Töchter bringe er hübsch
Unter die Haube - Amen!

(II, 171 f - Deutschland. Ein Wintermärchen, Caput X)

Über den Hellweg ist man mit der Postkutsche bald im Paderbornischen angelangt:

Die Sonne ging auf bei Paderborn,
Mit sehr verdroßner Gebärde.
Sie treibt in der Tat ein verdrießlich Geschäft -
Beleuchten die dumme Erde!

Und als der Morgennebel zerrann,
Da sah ich am Wege ragen,
Im Frührotschein, das Bild des Manns,
Der an das Kreuz geschlagen.

Mit Wehmut erfüllt mich jedesmal
Dein Anblick, mein armer Vetter,
Der du die Welt erlösen gewollt,
Du Narr, du Menschheitsretter!

Sie haben dir übel mitgespielt,
Die Herren vom hohen Rate.
Wer hieß dich auch reden so rücksichtslos
Von der Kirche und vom Staate!

Zu deinem Malheur war die Buchdruckerei
Noch nicht in jenen Tagen
Erfunden; du hättest geschrieben ein Buch
Über die Himmelsfragen.

Der Zensor hätte gestrichen darin,
Was etwa anzüglich auf Erden,
Und liebend bewahrte dich die Zensur
Vor dem Gekreuzigtwerden.

Ach! hättest du nur einen andern Text
Zu deiner Bergpredigt genommen,
Besäßest ja Geist und Talent genug,
Und konntest schonen die Frommen!

Geldwechsler, Bankiers, hast du sogar
Mit der Peitsche gejagt aus dem Tempel -
Unglücklicher Schwärmer,
          jetzt hängst du am Kreuz
Als warnendes Exempel!

(II, 176 f - Deutschland. Ein Wintermärchen, aus Caput XIII)

Und mit diesem Gedicht sind wir auch bereits mitten in unserem speziellen Thema: Heinrich Heine und die Religion. Der Rabbi aus Nazareth taucht dabei immer wieder auf: im Unterschied zu dem eben vorgestellten Bild von dem gekreuzigten Jesus als unglücklicher Schwärmer und abseitiger Spinner zeichnet das folgende Gedicht aus dem Zyklus "Die Nordsee" im "Buch der Lieder" ein ganz anderes Bild von Christus:

Frieden

Hoch am Himmel stand die Sonne,
Von weißen Wolken umwogt,
Das Meer war still,
Und sinnend lag ich am Steuer des Schiffes,
Träumerisch sinnend – und, halb im Wachen
Und halb im Schlummer, schaute ich Christus,
Den Heiland der Welt.
Im wallend weißen Gewande
Wandelt' er riesengroß
Über Land und Meer;
Es ragte sein Haupt in den Himmel,
Die Hände streckte er segnend
Über Land und Meer;
Und als ein Herz in der Brust
Trug er die Sonne,
Die rote, flammende Sonne,
Und das rote, flammende Sonnenherz
Goß seine Gnadenstrahlen
Und sein holdes, liebseliges Licht,
Erleuchtend und wärmend,
Über Land und Meer.

Glockenklänge zogen feierlich
Hin und her, zogen wie Schwäne,
An Rosenbändern, das gleitende Schiff,
Und zogen es spielend ans grüne Ufer,
Wo Menschen wohnen, in hochgetürmter,
Ragender Stadt.

O Friedenswunder! Wie still die Stadt!
Es ruhte das dumpfe Geräusch
Der schwatzenden, schwülen Gewerbe,
Und durch die reinen, hallenden Straßen
Wandelten Menschen, weißgekleidete,
Palmzweigtragende,
Und wo sich zwei begegneten,
Sahn sie sich an, verständnisinnig,
Und schauernd, in Liebe und süßer Entsagung,
Küßten sie sich auf die Stirne,
Und schauten hinauf
Nach des Heilands Sonnenherzen,
Das freudig versöhnend sein rotes Blut
Hinunterstrahlte,
Und dreimalselig sprachen sie:
"Gelobt sei Jesu Christ!"
(I, 184 f - Buch der Lieder, Zyklus "Die Nordsee", Nr. 12)

Hier treffen wir auf ein Christus-Bild, das fast zum Kitsch verkommen ist, das aber auch etwas von einer ehrfürchtigen, liebevollen Wertschätzung vermittelt, die man Heine nicht unbedingt zutraut. Diese Sympathie Heines - im krassen Gegensatz zu seiner sonst anzutreffenden Ironie und seinem beißenden Spott - wird ebenfalls deutlich in einer Passage aus einer Rezension zu Menzels "Die Deutsche Literatur" [3]:

Ein Mystiker aus der Sekte der Essäer war jener Rabbi, der in sich selbst die Offenbarung des Vaters erkannte und die Welt erlöste von der blinden Autorität steinerner Gesetze und schlauer Priester.
(VII, 226 - Kleine Schriften. 1820-1831, Über Wolfgang Menzel "Die deutsche Literatur")

---

[3] *Wolfgang Menzel, 1798-1873, Literat, Journalist und einmflußreicher Kritiker, polemisierte gegen das "Junge Deutschland"*

JÜDISCHE WURZELN

Eine solch positive Einschätzung der Person Jesu vermutet man nicht unbedingt bei jemandem, der als ironischer Spötter in die Annalen der Literaturgeschichte eingegangen ist und dessen Kindheit ganz anders geprägt war:

Mein Vater selbst war sehr einsilbiger Natur, sprach nicht gern, und einst als kleines Bübchen, zur Zeit, wo ich die Werkeltage in der öden Franziskanerklosterschule, jedoch die Sonntage zu Hause zubrachte, nahm ich die Gelegenheit wahr, meinen Vater zu befragen, wer mein Großvater gewesen sei. Auf diese Frage antwortete er halb lachend, halb unwirsch: "Dein Großvater war ein kleiner Jude und hatte einen großen Bart."

Den andern Tag, als ich in den Schulsaal trat, wo ich bereits meine kleinen Kameraden versammelt fand, beeilte ich mich, ihnen die wichtige Neuigkeit zu erzählen, daß mein Großvater ein kleiner Jude war, welcher einen langen Bart hatte.

Kaum hatte ich diese Mitteilung gemacht, als sie von Mund zu Mund flog, in allen Tonarten wiederholt ward, mit Begleitung von nachgeäfften Tierstimmen. Die Kleinen sprangen über Tische und Bänke, rissen von den Wänden die Rechentafeln, welche auf den Boden purzelten nebst den Tintenfässern, und dabei wurde gelacht, gemeckert, gegrunzt, gebellt, gekräht - ein Höllenspektakel, dessen Refrain immer der Großvater war, der ein kleiner Jude gewesen und einen großen Bart hatte.

Der Lehrer, welchem die Klasse gehörte, vernahm den Lärm und trat mit zornglühendem Gesichte in den Saal und fragte gleich nach dem Urheber dieses Unfugs. Wie immer in solchen Fällen geschieht: ein jeder versuchte, sich kleinlaut zu diskulpieren, und am Ende der Untersuchung ergab es sich, daß ich Ärmster überwiesen ward, durch meine Mitteilung über meinen Großvater den ganzen Lärm veranlaßt zu haben, und ich büßte meine Schuld durch eine bedeutende Anzahl Prügel.

(XIII, 183 f - Memoiren)

Das Bild vom Kaftanjuden mit Schläfenlocken und Bart spukt nun mal als bös gemeinte Karikatur durch die Köpfe. Diesem Zerrbild zu entfliehen, scheint kaum möglich. Heine schreibt am 1. April 1823 an seinen Mitstreiter in Sachen Emanzipation, den jüdischen Wissenschaftler Immanuel Wolff (der sich später den programmatischen Namen "Wohlwill" gab):

Wir haben nicht mehr die Kraft, einen Bart zu tragen, zu fasten, zu hassen und aus Haß zu dulden: das ist das Motiv unserer Reformation. Die einen, die durch Komödianten ihre Bildung und Aufklärung empfangen, wollen dem Judentum neue Dekorationen und Kulissen geben, und der Souffleur soll ein weißes Bäffchen statt eines Bartes tragen; sie wollen das Weltmeer in ein niedliches Bassin von Papiermaché gießen und wollen dem Herkules auf der Kasseler Wilhelmshöhe das braune Jäckchen des kleinen Marcus anziehen. Andere wollen ein evangelisches Christentümchen unter jüdischer Firma und machen sich ein Talles [4] aus der Wolle des Lamm-Gottes, machen sich ein Wams aus den Federn der Heiligen Geisttaube und Unterhosen aus christlicher Liebe, und sie fallieren, und die Nachkommenschaft schreibt sich: "Gott, Christus & Co". Zu allem Glücke wird sich dieses Haus nicht lange halten, seine Tratten auf die Philosophie kommen mit Protest

---

[4] *Tallit = Gebetsmantel, wird beim Morgengebet in Synagoge und Haus getragen, ein rechteckiges Tuch, aus weißer Wolle oder Seide mit schwarzen oder blauen Randstreifen und geflochtenen Quasten an den vier Ecken.*

zurück, und es macht Bankrott in Europa, wenn sich auch seine von Missionaren in Afrika und Asien gestifteten Kommissionshäuser einige Jahrhunderte länger halten. Dieser endliche Sturz des Christentums wird mir täglich einleuchtender. Lange genug hat sich diese faule Idee gehalten. Ich nenne das Christentum eine Idee, aber welche! Es gibt schmutzige Ideenfamilien, die in den Ritzen dieser alten Welt, der verlassenen Bettstelle des göttlichen Geistes, sich eingenistet, wie sich Wanzenfamilien einnisten in der Bettstelle eines polnischen Juden. Zertritt man eine dieser Ideen-Wanzen, so läßt sie einen Gestank zurück, der jahrtausendelang riechbar ist. Eine solche ist das Christentum, das schon vor achtzehnhundert Jahren zertreten worden, und das uns armen Juden seit der Zeit noch immer die Luft verpestet.

Verzeih mir diese Bitterkeit; Dich hat der Schlag des aufgehobenen Edikts nicht getroffen.[5] Auch ist alles nicht so ernst gemeint, sogar das Frühere nicht; auch ich habe nicht die Kraft, einen Bart zu tragen und mir "Judenmauschel" nachrufen zu lassen und zu fasten etc. Ich hab nicht mal die Kraft, ordentlich Mazzes zu essen. Ich wohne nämlich jetzt bei einem Juden (Mosern und Gans gegenüber) und bekomme jetzt Mazzes statt Brot und zerknacke mir die Zähne. Aber ich tröste mich und denke: wir sind ja im Goles!

(An Immanuel Wohlwill - Berlin, 1. April 1823)

Goles - Galut - Exil - Diaspora. Das bedeutet: als eine verachtete Minderheit in der Fremde leben. Da ist besondere Solidarität untereinander gefragt.

---

[5] *Königlich-Preußisches "Edikt betreffend die bürgerlichen Verhältnisse der Juden in dem preußischen Staate" vom 11. März 1812, das jedoch 1822/23 in wesentlichen Teilen zurückgenommen wurde; z.B wurde Juden die Bekleidung höherer Militärchargen vom Gefreiten aufwärts sowie die Ausübung akademischer Lehr- und Schulämter verwehrt und es wurde ihnen lediglich aktives kein passives Wahlrecht zur Provinzialversammlung zugestanden.*

Heine beschreibt diese Situation in einem Gedicht, das er seinem Onkel und Wohltäter Salomon Heine widmet, dem Hamburger Bankier und Mäzen, dem Millionär und großzügigen Förderer jüdischer Belange:

Das neue Israelitische Hospital zu Hamburg

Ein Hospital für arme, kranke Juden,
Für Menschenkinder, welche dreifach elend,
Behaftet mit den bösen drei Gebresten,
Mit Armut, Körperschmerz und Judentume!

Das schlimmste von den dreien ist das letzte,
Das tausendjährige Familienübel,
Die aus dem Niltal mitgeschleppte Plage,
Der altägyptisch ungesunde Glauben.

Unheilbar tiefes Leid! Dagegen helfen
Nicht Dampfbad, Dusche, nicht Apparate
Der Chirurgie, noch all die Arzeneien,
Die dieses Haus den siechen Gästen bietet.

Wird einst die Zeit, die ew'ge Göttin, tilgen
Das dunkle Weh, das sich vererbt vom Vater
Herunter auf den Sohn - wird einst der Enkel
Genesen und vernünftig sein und glücklich?

Ich weiß es nicht! Doch mittlerweile wollen
Wir preisen jenes Herz, das klug und liebreich
Zu lindern suchte, was der Linderung fähig,
Zeitlichen Balsam träufelnd in die Wunden.

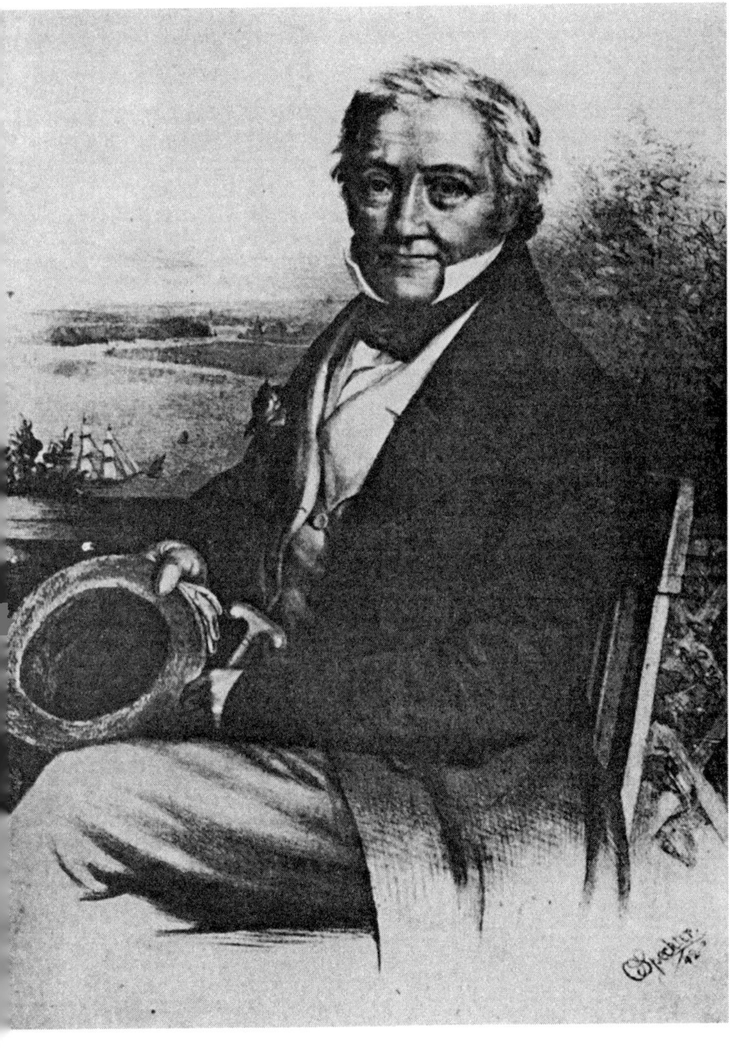

"Er gab mit reicher Hand ... "

Der Onkel Salomon Heine (1767-1844), Bankier in Hamburg, Mäzen und Förderer seines Neffen Heinrich,

Radierung von Otto Speckter

Der teure Mann! Er baute hier ein Obdach
Für Leiden, welche heilbar durch die Künste
Des Arztes (oder auch des Todes!), sorgte
Für Polster, Labetrank, Wartung und Pflege -

Ein Mann der Tat, tat er, was eben tunlich;
Für gute Werke gab er hin den Taglohn
Am Abend seines Lebens, menschenfreundlich,
Durch Wohltun sich erholend von der Arbeit.

Er gab mit reicher Hand - doch reiche Spende
Entrollte manchmal seinem Aug', die Träne,
Die kostbar schöne Träne, die er weinte
Ob der unheilbar großen Brüderkrankheit.
(II, 51 f - Neue Gedichte. II. Teil, Zeitgedichte, Nr. 11)

Diese "Brüderkrankheit" - so lautet die Diagnose - diese Krankheit bedarf zwar dringend der Heilung, scheint aber unheilbar. Viele Juden - so auch Heine - sehen einen Weg der Verbesserung ihrer Lage in der Suche nach der eigenen Identität und in der Anhebung des allgemeinen Bildungsniveaus, insbesondere jedoch des jüdischen Bewußtseins.

AUF DER SUCHE
NACH DER EIGENEN IDENTITÄT

1819 war infolge der antisemitischen Hep-Hep-Krawalle [6] ein "Verein für Cultur und Wissenschaft der Juden" gegründet worden mit einem eigenen Institut und einer Zeitschrift. Ziel war es, Wege aufzuzeigen, die den Juden bei ihrer Integration in die deutsche Gesellschaft helfen sollten.

Zu den Mitgliedern an führender Stelle zählten der Philosoph Eduard Gans, der Bank-Kaufmann Moses Moser und Leopold Zunz, Philosoph, Pädagoge und März-Revolutionär, sowie zeitweilig auch Heinrich Heine.

Er ist begeistert:

Daß ich für die Rechte der Juden und ihre bürgerliche Gleichstellung enthusiastisch sein werde, das gestehe ich, und in schlimmen Zeiten, die unausbleiblich sind, wird der germanische Pöbel meine Stimme hören, daß es in deutschen Palästen und Bierstuben widerhallt.

(An Moses Moser - Ritzebüttel, 23. August 1823)

Dieser Cultur-Verein entfaltete zwar eine reiche Aktivität, wirkte bewußtseinsbildend und gab viele Impulse, konnte sich aber trotzdem nur fünf Jahre, bis 1824, halten. Eduard Gans z.B. konvertierte und machte Karriere als Jurist. Heinrich Heine erhoffte sich Ähnliches, machte jedoch keine Karriere - ganz im Gegenteil. Er schreibt am 27. September 1823 an den eben schon erwähnten Moses Moser:

---

[6] Der Hetzruf "Hep-Hep" leitet sich ab von "Hierosolyma est perdita" = "Jerusalem ist verloren".

... wie Du denken kannst - kommt hier die Taufe zur Sprache. Keiner von meiner Familie ist dagegen, außer ich. Und dieses *ich* ist sehr eigensinniger Natur. Aus meiner Denkungsart kannst Du es Dir wohl abstrahieren, daß mir die Taufe ein gleichgültiger Akt ist. ... Aber dennoch halte ich es unter meiner Würde und meine Ehre befleckend, wenn ich, um ein Amt in Preußen anzunehmen, mich taufen ließe. Im lieben Preußen!!! Ich weiß wirklich nicht, wie ich mir in meiner schlechten Lage helfen soll. Ich werde noch aus Ärger katholisch und hänge mich auf ...

Wir leben in einer traurigen Zeit, Schurken werden zu den Besten, und die Besten müssen Schurken werden. Ich verstehe sehr gut die Worte des Psalmisten: Herr Gott, gib mir mein täglich Brot, daß ich Deinen Namen nicht lästere.

(An Moses Moser - Lüneburg, 27. September 1823)

Dieser Zwiespalt einerseits zwischen Anpassung, für die man sich selbst verachtet, und andererseits der Bindung an alte Traditionen, an denen man hängt und von denen man geprägt wurde, ist nur schwer aufzulösen. Ein Brief Heines von 1823 an seinen Schwager Moritz Embden macht das deutlich:

Was Sie über Juden sagen, ist meine Ansicht ebenfalls. Ich bin ebenfalls Indifferentist, und meine Anhänglichkeit an das Judenwesen hat seine Wurzel bloß in einer tiefen Antipathie gegen das Christentum. Ja, ich, der Verächter aller positiven Religionen, werde vielleicht einst zum krassesten Rabbinismus übergehen, eben weil ich diesen als ein probates Gegengift betrachte.

(An Moritz Embden - Berlin, 3. Mai 1823)

Und zwei Jahre später, in einem Brief vom 11. Mai 1825, teilt Heine seinem Schwager einige folgenreiche Überlegungen mit:

Ob ich mich in Hamburg fixieren werde? Das wissen die Götter, die den Hunger erschaffen. Ich werde mich dort nicht niederlassen, ohne auf ein paar Jahre mit Brot proviantisiert zu sein. Indessen von meiner Seite wird alles geschehen; getauft und als Dr. juris und hoffentlich auch gesund, werde ich nächstens nach Hamburg kommen.

(An Moritz Embden - Göttingen, 11. Mai 1825)

1822 hatten eifrige Christen - mit Unterstützung einiger Proselyten und unter dem Protektorat des Königs von Preußen - eine "Gesellschaft zur Förderung des Christentums unter den Juden" gegründet - mit dem Ziel der Missionierung und "Bekehrung".

Jedoch mutmaßt Ludwig Marcuse in seiner Heine-Biographie[7] ganz andere Motive für die zahlreichen Übertritte: was könnte gebildete intellektuelle Juden wie Gans, Börne oder Heine hindern, zu konvertieren? Wo sie doch sowieso eher von Hegel, Jean Paul und Goethe lebten, und weniger von Bibel und Talmud. Man trat nicht über aus Sympathie für die christliche Lehre; erst recht nicht aus Sympathie für den christlichen Staat. Nicht zum Christentum, zu Europa trat man über - zu seiner Kultur und wohl auch zu seiner Wirtschaft. Das Christentum nahm man in Kauf als notwendiges Übel.

Man wollte heraus aus der misslichen Lage einer verachteten Minorität, aus dem Ausnahmezustand hinüberwechseln in den Normalzustand der Mehrheit. Das ging aber anscheinend nur über das Bekenntnis zum christlichen Glauben eben dieser Majorität. Heine prägte deshalb das Schlagwort:

Der Taufzettel ist das Entréebillet zur europäischen Kultur.

(XIV, 122 - Aphorismen und Fragmente)

---

[7] *Marcuse (Hg.) Heinrich Heine in Selbstzeugnissen und Bilddokumenten.*

In "Deutschland. Ein Wintermärchen" begegnet Heine am Kyffhäuser dem Kaiser Friedrich Barbarossa, dem "Kaiser Rotbart lobesam", und berichtet darüber:

> Er frug nach Moses Mendelssohn,
> Nach der Karschin, mit Intresse
> Frug er nach der Gräfin Dubarry,
> Des fünfzehnten Ludwigs Mätresse.
>
> "O Kaiser", rief ich, "wie bist du zurück!
> Der Moses ist längst gestorben,
> Nebst Rebekka, auch Abraham,[8]
> Der Sohn, ist gestorben, verdorben.
>
> Der Abraham hatte mit Lea erzeugt
> Ein Bübchen, Felix heißt er,
> Der brachte es weit im Christentum,
> Ist schon Kapellenmeister."
>
> (II, 184 - Deutschland. Ein Wintermärchen, aus Caput XVI)

Felix Mendelssohn-Bartholdy scheint Heine ein Dorn im Auge gewesen zu sein. Noch Jahre später schreibt er in einem Brief an Ferdinand Lassalle:

---

[8] *Abraham Mendelssohn (1776 - 1835) ist der Gründer des berühmten Privat-Bankhauses, das bis 1939 bestand. Er war mit seiner Familie zum Protestantismus übergetreten und 1819 nach Berlin übersiedelt, wo die Mendelssohns einen berühmten "Salon" führten, in dem bedeutende Persönlichkeiten des kulturellen Lebens verkehrten, u. a. auch Heinrich Heine. Von Abraham Mendelssohn ist der Ausspruch überliefert: "Ich bin der Sohn eines berühmten Vaters und der Vater eines berühmten Sohnes." Sein Vater war der Religionsphilosoph Moses Mendelssohn (1729 - 1786), der Freund Lessings und Vorbild des "Nathan". Der Sohn Abrahams, der von Heine geschmähte Felix Mendelssohn-Bartholdy (1809 - 1847), "brachte es weit im Christentum, ist schon Kapellenmeister".*

... In Bezug Felix Mendelssohns füge ich mich gern Ihrem Wunsche, und es soll keine böse Silbe mehr gegen ihn gedruckt werden. - Ich habe Malice auf ihn wegen seines Christelns, ich kann diesem durch Vermögensumstände unabhängigen Menschen nicht verzeihen, den Pietisten mit seinem großen, ungeheuren Talente zu dienen. - Je mehr ich von der Bedeutung des letzteren durchdrungen, desto erboster werd' ich ob des schnöden Mißbrauchs. Wenn ich das Glück hätte, ein Enkel von Moses Mendelssohn zu sein, so würde ich wahrlich mein Talent nicht dazu hergeben, die Pisse des Lämmleins in Musik zu setzen...
(An Ferdinand Lassalle - Paris, 11. Februar 1846)

In Felix Mendelssohn sieht Heine offensichtlich ein besonders abstoßendes Beispiel für seine These vom "Taufzettel als das Entréebillet zur europäischen Kultur".

Und das umso mehr, als er selbst ja auch diesen Schritt getan hatte: entsprechend seiner nüchternen Analyse der gesellschaftspolitischen Situation und der daraus folgenden bitteren Selbsteinschätzung ließ sich Heine am 28. Juni 1825 taufen. [9]

Keiner von meiner Familie ist dagegen, außer ich ...
(An Moses Moser - Lüneburg, 27. September 1823)

So hatte er bereits zwei Jahre zuvor an den Freund Moses Moser geschrieben. Und auch die Promotion ließ nach der Taufe nicht lange auf sich warten: drei Wochen danach, am 20. Juli 1825, war Heine ein "Doctor juris". An seine Schwester Charlotte Embden schreibt er ein paar Tage später:

Grüße mir Moritz recht herzlich, und wenn Du sicher bist, daß er keine Plaudertasche ist, so sage ihm, ich sei jetzt nicht nur Dr. Juris, sondern auch: Es hat gestern geregnet, so wie auch vor sechs Wochen.
(An Charlotte Embden - Göttingen, 31. Juli 1825)

---

[9] *Religiöse Prüfung und Taufe in Heiligenstadt durch Pfarrer Gottlob Christian Grimm in dessen Privatwohnung.*

Daß es vor sechs Wochen geregnet habe, ist wohl ein Hinweis auf das tröpfelnde Taufwasser. Die folgende Textpassage aus "Die Romantische Schule" gibt ebenfalls Heines eigentliche, wahre Befindlichkeit wieder:

... Ich habe Geistesfreiheit und Protestantismus zusammen genannt; ich hoffe aber, daß man mich, obgleich ich mich in Deutschland zur protestantischen Kirche bekenne, keiner Parteilichkeit für letztere beschuldigen wird... Obgleich ich mich in Deutschland zur protestantischen Kirche bekenne, so bedeutet dieses Bekenntnis doch nichts anders, als daß mein Name in einem lutherischen Kirchenbuche inskribiert steht, welches wahrlich nicht so viel wert ist wie eine Inskription im großen Buche.

(IX, 33 - Die romantische Schule. Erstes Buch. - und IX, 292 - Anmerkungen zu "Die romantische Schule" - Hinweis auf Handschrift)

So stellt Heine dieses Problem in öffentlichen Publikationen und Büchern für das große Publikum dar. Und auch in privaten Briefen sieht das nicht anders aus. Ein halbes Jahr nach seiner Taufe schreibt Heine an seinen Freund Moses Moser:

Vorigen Sonnabend war ich im Tempel[10] und habe die Freude gehabt, eigenohrig zu hören, wie Dr. Salomon gegen die getauften Juden loszog und besonders stichelte, "wie sie von der bloßen Hoffnung, eine Stelle zu bekommen, sich verlocken lassen, dem Glauben ihrer Väter untreu zu werden." Ich versichere Dir, die Predigt war gut, und ich beabsichtige, den Mann dieser Tage zu besuchen.

(An Moses Moser - Hamburg, 14. Dezember 1825)

---

[10] *Der neue israelitische Tempel in Hamburg wurde 1817 begründet. Für seinen reformierten Gottesdienst wurde ein eigenes Gebetbuch herausgegeben. Der liberale, akademisch ausgebildete Rabbiner predigte in deutscher Sprache.*

אין זה כי אסכית אלהים וזה שער השמים:

"Vorderhand aber kann ich mich mit dem neuen israelitischen Tempel noch behelfen ... "
Der "Neue israelitische Tempel" in Hamburg, erbaut 1818

Diese Bußpredigt mit ihrem Aufruf zur Umkehr scheint offensichtlich einen großen Eindruck hinterlassen zu haben. Aber hat sie auch etwas bewirkt? Eine kritische Distanz nicht nur zum Christentum und auch zum Judentum, sondern zur Religion überhaupt ist spürbar in folgender süffisanter Sentenz aus dem "Buch Le Grand":

Ich erinnere mich noch so gut, als wäre es erst gestern geschehen, daß ich durch "la réligion" viel Unannehmlichkeiten erfahren. Wohl sechsmal erging an mich die Frage: Henry, wie heißt "der Glaube" auf französisch? Und sechsmal, und immer weinerlicher antwortete ich: das heißt "le crédit". Und beim siebenten Male, kirschbraun im Gesichte, rief der wütende Examinator: er heißt "la réligion" - und es regnete Prügel und alle Kameraden lachten. Madame! Seit der Zeit kann ich das Wort "Religion" nicht erwähnen hören, ohne daß mein Rücken blaß vor Schrecken, und meine Wange rot vor Scham wird. Und ehrlich gestanden, "le crédit" hat mir im Leben mehr genützt als "la réligion".

(V, 130 f - Ideen. Das Buch Le Grand)

"Einem Abtrünnigen" - schon die Überschrift des folgenden Gedichtes zeugt von Tadel und Distanz, erst recht der Text des Gedichtes selbst. Heine hat sich wohl mit diesem Gedicht seinen Ärger anläßlich der Konversion des bereits erwähnten Eduard Gans von der Seele geschrieben:

Einem Abtrünnigen

O des heil'gen Jugendmutes!
Oh, wie schnell bist du gebändigt!
Und du hast dich, kühlern Blutes,
Mit den lieben Herrn verständigt.

Und du bist zu Kreuz gekrochen,
Zu dem Kreuz, das du verachtest,
Das du noch vor wenig Wochen
In den Staub zu treten dachtest!

Oh, das tut das viele Lesen
Jener Schlegel, Haller, Burke -
Gestern noch ein Held gewesen,
Ist man heute schon ein Schurke.

(III, 281 - Nachlese zu den Gedichten. 1812-1831, Vermischte Gedichte)

Was Heine hier einem anderen mit Verachtung vorwirft, wird er wohl oft genug auch sich selber vorgehalten haben. Jedenfalls machen sich Selbstkritik und Ernüchterung breit: am 9. Januar 1826 schreibt Heine an Moses Moser:

Ich bin jetzt bei Christ und Jude verhaßt. Ich bereue sehr, daß ich mich getauft hab'; ich seh doch gar nicht ein, daß es mir seitdem besser gegangen sei, im Gegenteil, ich habe seitdem nichts als Unglück. ... ist es nicht närrisch, kaum bin ich getauft, so werde ich als Jude verschrien. Aber ich sage Dir, nichts als Widerwärtigkeiten seitdem.

(An Moses Moser - Hamburg, 9. Januar 1826)

Wie wir sehen: Vorurteile und Ausgrenzung verschwanden nicht automatisch mit der Taufe. Die von Heine erhoffte bürgerliche Karriere blieb jedenfalls aus. Zensur und Publikationsverbote schränkten zudem sein schriftstellerisches Wirken erheblich ein. Erstmals tauchte ein Gedanke auf, den er dem Gefährten und Freund Moses Moser am 8. Juli 1826 mitteilte, nämlich der Entschluß, ins Exil zu gehen:

Es ist aber ganz bestimmt, daß es mich sehnlichst drängt, dem deutschen Vaterland Valet zu sagen. Minder die Lust des Wanderns als die Qual persönlicher Verhältnisse (z.B. der nie abzuwaschende Jude) treibt mich von hinnen. ...

.... Wie tief begründet ist doch der Mythos des ewigen Juden! Im stillen Waldtal erzählt die Mutter ihren Kindern das schaurige Märchen, die Kleinen drücken sich ängstlicher an den Herd, draußen ist Nacht - das Posthorn tönt - Schacherjuden fahren nach Leipzig zur Messe. - Wir die wir die Helden des Märchens sind, wir wissen es selbst nicht. Den weißen Bart, dessen Saum die Zeit wieder verjüngend geschwärzt hat, kann kein Barbier abrasieren.

(An Moses Moser - Norderney, 8. Juli 1826)

Aber erst fünf Jahre später, im Mai 1831, trifft Heine in Paris ein. In seinen Memoiren beschreibt er diese französische Metamorphose:

Hier in Frankreich ist mir gleich nach meiner Ankunft in Paris mein deutscher Name "Heinrich" in "Henri" übersetzt worden, und ich mußte mich darin schicken und auch hierzulande selbst so nennen, da das Wort Heinrich dem französischen Ohr nicht zusagte und überhaupt die Franzosen sich alle Dinge in der Welt recht bequem machen. Auch den Namen "Henri Heine" haben sie nie recht aussprechen können, und bei den meisten heiße ich "M. Enri Enn'"; und von vielen wird dieses in ein "Enrienne" zusammengezogen, und einige nannten mich "M. Un rien".

(XIII, 194 - Memoiren)

"Heinrich Heine - Henri Heine - Enri Enn - Un rien - Ein Nichts".

Dabei schienen doch bisher - zumindest nach außen hin - sein Selbstbewußtsein und sein Stolz weithin ungebrochen. Ein Gedicht von 1827 aus der "Harzreise" im "Buch der Lieder" gibt Zeugnis davon. Auf die Gretchen-Frage: "Wie hast du's mit der Religion?" weiß er jedenfalls schlagfertig zu antworten:

Tannenbaum mit grünen Fingern,
Pocht ans niedre Fensterlein,
Und der Mond, der stille Lauscher,
Wirft sein goldnes Licht herein.

Vater, Mutter schnarchen leise
In dem nahen Schlafgemach,
Doch wir beide, selig schwatzend,
Halten uns einander wach.

"Daß du gar zu oft gebetet,
Das zu glauben fällt mir schwer,
Jenes Zucken deiner Lippen
Kommt wohl nicht vom Beten her.

Jenes böse, kalte Zucken,
Das erschreckt mich jedesmal,
Doch die dunkle Angst beschwichtigt
Deiner Augen frommer Strahl.

Auch bezweifl' ich, daß du glaubest,
Was so rechter Glauben heißt, -
Glaubst wohl nicht an Gott den Vater,
An den Sohn und Heil'gen Geist?"

"Ach, mein Kindchen, schon als Knabe,
Als ich saß auf Mutters Schoß,
Glaubte ich an Gott den Vater,
Der da waltet gut und groß;

Der die schöne Erd' erschaffen,
Und die schönen Menschen drauf,
Der den Sonnen, Monden, Sternen
Vorgezeichnet ihren Lauf.

Als ich größer wurde, Kindchen,
Noch viel mehr begriff ich schon,
Ich begriff, und ward vernünftig,
Und ich glaub auch an den Sohn;

An den lieben Sohn, der liebend
Uns die Liebe offenbart,
Und zum Lohne, wie gebräuchlich,
Von dem Volk gekreuzigt ward.

Jetzo, da ich ausgewachsen,
Viel gelesen, viel gereist,
Schwillt mein Herz, und ganz von Herzen
Glaub' ich an den Heil'gen Geist.

Dieser tat die größten Wunder,
Und viel größre tut er noch;
Er zerbrach die Zwingherrnburgen,
Und zerbrach des Knechtes Joch.

Alte Todeswunden heilt er,
Und erneut das alte Recht;
Alle Menschen, gleichgeboren,
Sind ein adliges Geschlecht.

Er verscheucht die bösen Nebel
Und das dunkle Hirngespinst,
Das uns Lieb' und Lust verleidet,
Tag und Nacht uns angrinst.

Tausend Ritter, wohlgewappnet,
Hat der Heil'ge Geist erwählt,
Seinen Willen zu erfüllen,
Und er hat sie mutbeseelt.

Ihre teuern Schwerter blitzen,
Ihre guten Banner wehn!
Ei, du möchtest wohl, mein Kindchen,
Solche stolze Ritter sehn?

Nun, so schau mich an, mein Kindchen,
Küsse mich, und schaue dreist;
Denn ich selber bin ein solcher
Ritter von dem Heil'gen Geist."

(I, 159 ff - Buch der Lieder. Aus der Harzreise, Bergidylle,
Nr 2 - und V, 41 ff - Reisebilder. Erster Teil, Die Harzreise Nr. II)

Man mag hier Spott heraushören, aber doch wohl auch eine Spur von Bekenntnis und Einverständnis, von Zugehörigkeit und Sympathie. Und zum selben Thema: hier Verinnerlichung und Bewunderung - und dort Spott und Abneigung, zwei kurze Auszüge aus den "Reisebildern":

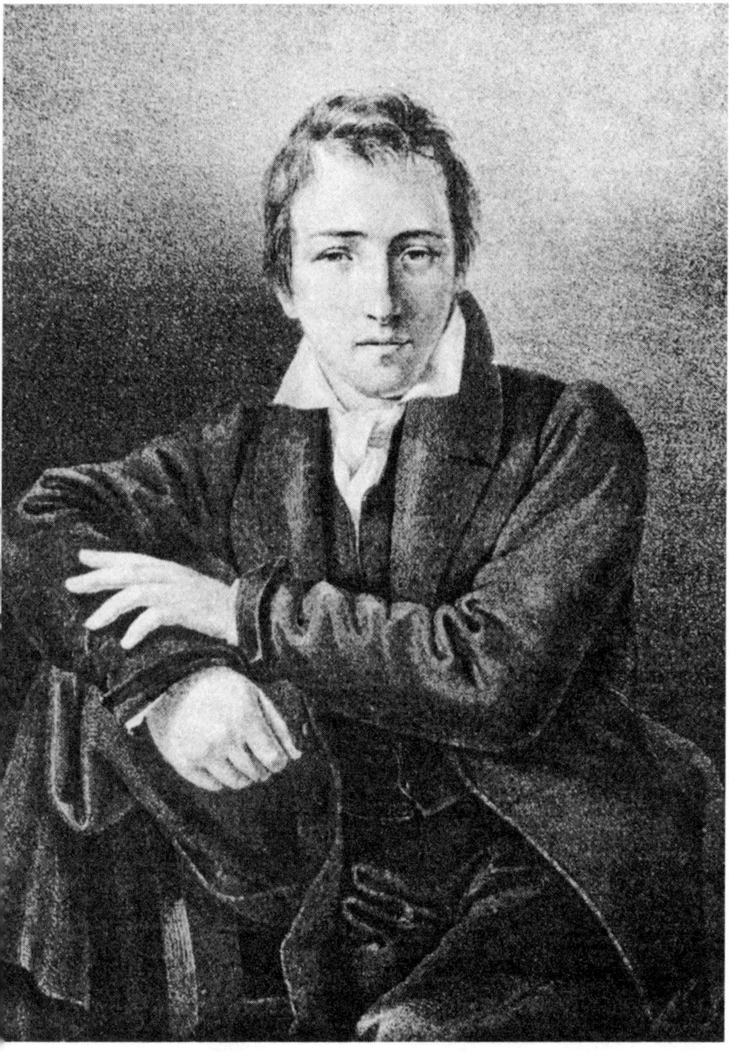

"Nun, so schau mich an, mein Kindchen,
Küsse mich, und schaue dreist ... "
*Heinrich Heine mit 34 Jahren
nach einem Gemälde von Moritz Oppenheim*

Es ist doch wirklich belächelnswert, während ich im Begriff bin, mich so recht wohlwollend über die Absichten der römischen Kirche zu verbreiten, erfaßt mich plötzlich der angewöhnte protestantische Eifer, der ihr immer das Schlimmste zumutet; und eben dieser Meinungszwiespalt in mir selbst gibt mir wieder ein Bild von der Zerrissenheit der Denkweise unserer Zeit. Was wir gestern bewundert, hassen wir heute, und morgen vielleicht verspotten wir es mit Gleichgültigkeit.
(V, 79 - Reisebilder, Zweiter Teil, Die Nordsee III)

Und nur wenige Seiten später gesteht Heine:
Gott weiß, daß ich ein guter Christ bin und sogar oft im Begriff stehe, sein Haus zu besuchen, aber ich werde immer fataler weise daran verhindert, es findet sich gewöhnlich ein Schwätzer, der mich auf dem Wege festhält, und gelange ich auch einmal bis an die Pforten des Tempels, so erfaßt mich unversehens eine spaßhafte Stimmung, und dann halte ich es für sündhaft hineinzutreten. Vorigen Sonntag begegnete mir etwas in der Art, indem mir vor der Kirchtür die Stelle aus Goethes Faust in den Kopf kam, wo dieser mit dem Mephistopheles bei einem Kreuz vorübergeht und ihn fragt:

"Mephisto, hast du Eil'?
Was schlägst vorm Kreuz die Augen nieder?"

Und worauf Mephistopheles antwortet:

"Ich weiß es wohl, es ist ein Vorurteil;
Allein es ist mir mal zuwider."
(V, 81 f - Reisebilder, Zweiter Teil, Die Nordsee III)

Aber Heine geht sonntags nicht nur in die Kirche - oder versucht es doch wenigstens, er liest dann auch in der Bibel und kommt dabei zu bemerkenswerten Erkenntnissen:

Da gestern Sonntag war und eine bleierne Langeweile über der ganzen Insel lag und mir fast das Haupt eindrückte, griff ich aus Verzweiflung zur Bibel ... und ich gestehe es Dir, trotzdem daß ich ein heimlicher Hellene bin, hat mich das Buch nicht bloß gut unterhalten, sondern auch weidlich erbaut. Welch ein Buch! groß und weit wie die Welt, wurzelnd in die Abgründe der Schöpfung und hinaufragend in die blauen Geheimnisse des Himmels ... Sonnenaufgang und Sonnenuntergang, Verheißung und Erfüllung, Geburt und Tod, das ganze Drama der Menschheit, alles ist in diesem Buche ... Es ist das Buch der Bücher, Biblia. Die Juden sollten sich leicht trösten, daß sie Jerusalem und den Tempel und die Bundeslade und die goldenen Geräte und Kleinodien Salomonis eingebüßt haben ... solcher Verlust ist doch nur geringfügig in Vergleichung mit der Bibel, dem unzerstörbaren Schatze, den sie gerettet. Wenn ich nicht irre, war es Mahomet, welcher die Juden "Das Volk des Buches" nannte, ein Name der ihnen bis heutigen Tag im Oriente verblieben und tiefsinnig bezeichnend ist. Ein Buch ist ihr Vaterland, ihr Besitz, ihr Herrscher, ihr Glück und ihr Unglück. Sie leben in den umfriedeten Marken dieses Buches, hier üben sie ihr unveräußerliches Bürgerrecht, hier kann man sie nicht verjagen, hier sind sie stark und bewunderungswürdig. Versenkt in der Lektüre dieses Buches, merkten sie wenig von den Veränderungen, die um sie her in der wirklichen Welt vorfielen; Völker erhuben sich und schwanden, Staaten blühten empor und erloschen, Revolutionen stürmten über den Erdboden ... sie aber, die Juden, lagen gebeugt über ihrem Buche und merkten nichts von der wilden Jagd der Zeit, die über ihre Häupter dahinzog!

... Es ist ein merkwürdiges Schauspiel, wie das Volk des Geistes sich allmählich ganz von der Materie befreit, sich ganz spiritualisiert. Moses gab dem Geiste gleichsam materielle Bollwerke gegen den realen Andrang der Nachbarvölker: rings um das Feld, wo er Geist gesäet, pflanzte er das schroffe

Zeremonialgesetz und eine egoistische Nationalität als schützende Dornhecke. Als aber die heilige Geistpflanze so tiefe Wurzel geschlagen und so himmelhoch emporgeschossen, daß sie nicht mehr ausgereutet werden konnte: da kam Jesus Christus und riß das Zeremonialgesetz nieder, das fürder keine nützliche Bedeutung mehr hatte, und er sprach sogar das Vernichtungsurteil über die jüdische Nationalität ... Er berief alle Völker der Erde zur Teilnahme an dem Reiche Gottes, das früher nur einem einzigen auserlesenen Gottesvolke gehörte, er gab der ganzen Menschheit das jüdische Bürgerrecht ... Das war eine große Emanzipationsfrage, die jedoch weit großmütiger gelöst wurde wie die heutigen Emanzipationsfragen in Sachsen und Hannover ... Freilich, der Erlöser, der seine Brüder vom Zeremonialgesetz und der Nationalität befreite und den Kosmopolitismus stiftete, ward ein Opfer seiner Humanität, und der Stadtmagistrat von Jerusalem ließ ihn kreuzigen, und der Pöbel verspottete ihn ...

(XI, 36 ff - Ludwig Börne. Eine Denkschrift)

Das waren Textpassagen aus dem umfänglichen Essay über "Ludwig Börne". Und hier trifft Heine wohl die eigentliche Problematik, den Angelpunkt schlechthin, der bis heute nichts an Brisanz eingebüßt hat: an Jesus Christus scheiden sich die Geister: der Jude Jesus von Nazareth ist es, der Juden und Christen miteinander verbindet - der Messias, der Gesalbte, der Christus ist es, der Juden und Christen trennt. Zu diesem Dilemma äußert sich Heine an anderer Stelle recht drastisch:

Ich kenne einen guten Hamburger Christen, der sich nie darüber zufrieden geben konnte, daß unser Herr und Heiland von Geburt ein Jude war. Ein tiefer Unmut ergriff ihn jedesmal, wenn er sich eingestehen mußte, daß der Mann, der, ein Muster der Vollkommenheit, die höchste Verehrung verdient, dennoch zur Sippschaft jener ungeschnäuzten Langnasen gehörte, die er auf der Straße als Trödler herumhausieren sieht, die er so gründlich verachtet, und die ihm noch fataler sind, wenn sie gar, wie er selber, sich dem Großhandel mit Gewürzen und Farbstoffen zuwenden und seine eigenen Interessen beeinträchtigen.[11]

(X, 145 - Shakespeares Mädchen und Frauen)

---

[11] Heine war bereits in jungen Jahren mit Lessings Werken vertraut. In dieser karikierenden Passage bezieht er sich möglicherweise auf eine Sentenz aus "Nathan der Weise"(IV/7):

"Und ist denn nicht das ganze Christentum
Aufs Judentum gebaut? Es hat mich oft
Geärgert, hat mir Tränen gnug gekostet,
Wenn Christen gar so sehr vergessen konnten,
Daß unser Herr ja selbst ein Jude war."

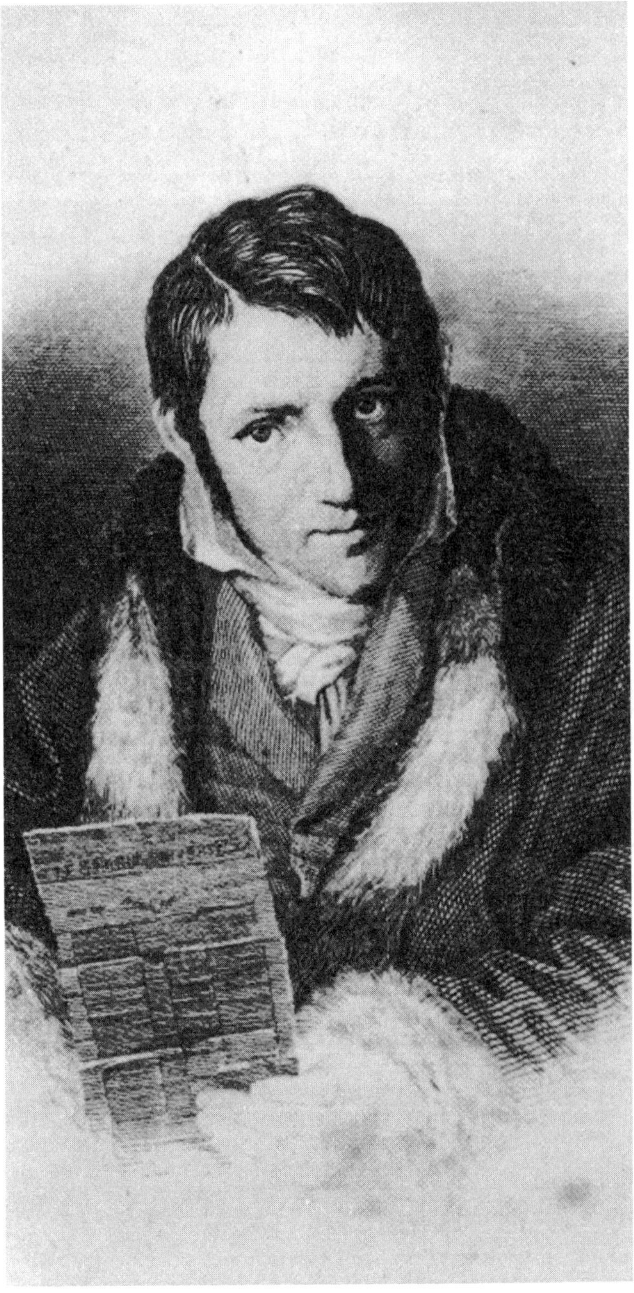

Ludwig Börne (1786 - 1837),
Literarischer Mitstreiter im "Jungen Deutschland",
geriet später in Gegnerschaft zu Heine

"WAS GOTT KOCHT, IST GUT GEKOCHT ... "

Hamburg spielt in Biographie und Werk Heines eine große Rolle: seine erste unglückliche Liebe, die Cousine Amalie - deren Vater, Onkel Salomon Heine, der reiche Hamburger Bankier und großzügige Förderer seines Neffen Heinrich - sowie Heines alte Mutter, Betty Heine - schließlich als literarisch-allegorische Huldigung die Schlußkapitel in "Deutschland. Ein Wintermärchen". Und in Hamburg saß auch der Verleger Heines, Julius Campe.

Bereits 1816 schreibt Heine an seinen Freund Christian Sethe:

... es herrscht in Hamburg eine schwüle Spannung zwischen den getauften und ungetauften Juden. ... Bei so bewandten Umständen läßt sich leicht voraussehen, daß christliche Liebe die Liebeslieder eines Juden nicht ungehudelt lassen wird.

(An Christian Sethe - Hamburg, 27. Oktober 1816)

Wiederholt macht Heine sich Gedanken über die Hamburger und ihre Einstellung zu Gott und der Welt - und über ihre Vorliebe für gutes Essen:

Die Hamburger sind gute Leute und essen gut. Über Religion, Politik und Wissenschaft sind ihre respektiven Meinungen sehr verschieden, aber in Betreff des Essens herrscht das schönste Einverständnis. Mögen die christlichen Theologen dort noch so sehr streiten über die Bedeutung des christlichen Abendmahls; über die Bedeutung des Mittagsmahls sind sie ganz einig. Mag es unter den Juden dort eine Partei geben, die das Tischgebet auf deutsch spricht, während eine andere es auf hebräisch absingt; beide Parteien essen - und essen gut - und wissen das Essen gleich richtig zu beurteilen.

(VII, 54 - Aus den Memoiren des Herrn von Schnabelewopski, Kapitel III)

Nur wenige Kapitel weiter berichtet er:
Wenn der Braten ganz schlecht war, disputierten wir über die Existenz Gottes. Der liebe Gott hatte aber immer die Majorität. Nur drei von der Tischgenossenschaft waren atheistisch gesinnt; aber auch diese ließen sich überreden, wenn wir wenigstens guten Käse zum Dessert bekamen.

(VII, 81 - Aus den Memoiren des Herrn von Schnabelewopski, Kapitel IX)

Und noch einmal müssen die Hamburger herhalten. In "Deutschland. Ein Wintermärchen" heißt es über die Hanseaten:

Die Population des Hamburger Staats
Besteht, seit Menschengedenken,
Aus Juden und Christen; es pflegen auch
Die letztren nicht viel zu verschenken.

Die Christen sind alle ziemlich gut,
Auch essen sie gut zu Mittag,
Und ihre Wechsel bezahlen sie prompt,
Noch vor dem letzten Respittag.

Die Juden teilen sich wieder ein
In zwei verschiedne Parteien;
Die Alten gehn in die Synagog',
Und in den Tempel die Neuen.

Die Neuen essen Schweinefleisch,
Und zeigen sich widersetzig,
Sind Demokraten; Die Alten sind
Vielmehr aristokrätzig.

Ich liebe die Alten, ich liebe die Neu'n -
Doch schwör ich, beim ewigen Gotte,
Ich liebe gewisse Fischchen noch mehr,
Man heißt sie geräucherte Sprotte.
(II, 198 - Deutschland. Ein Wintermärchen, aus Caput XXII)

In vielen Heine-Texten, so auch in diesem Gedicht, taucht immer wieder ein Motiv auf, das für ihn anscheinend genau so wichtig war wie religiöse Kontroversen, nämlich Essen und Trinken. Eingangs war davon bereits die Rede: die gute westfälische Küche im Wirtshaus in Hagen. Vielfältig hat Heine seinen kulinarischen Neigungen gehuldigt und sie besungen. Aber sogar hierbei kommt er ohne religiöse Versatzstücke nicht aus. Ein Beispiel dafür ist folgendes Gedicht:

Mir träumt': ich bin der liebe Gott,
Und sitz' im Himmel droben,
Und Engel sitzen um mich her,
Die meine Verse loben.

Und Kuchen ess' ich und Konfekt
Für manchen lieben Gulden,
Und Kardinal trink' ich dabei,
Und habe keine Schulden.

Doch Langeweile plagt mich sehr,
Ich wollt', ich wär' auf Erden,
Und wär' ich nicht der liebe Gott,
Ich könnt' des Teufels werden.

Du langer Engel Gabriel,
Geh, mach' dich auf die Sohlen,
Und meinen teuren Freund Eugen
Sollst du herauf mir holen.

Such' ihn nicht im Kollegium,
Such' ihn beim Glas Tokaier;
Such' ihn nicht in der Hedwigskirch,
Such' ihn bei Mamsell Meyer.

Da breitet aus sein Flügelpaar
Und fliegt herab der Engel,
Und packt ihn auf, und bringt herauf
Den Freund, den lieben Bengel.

"Ja, Jung', ich bin der liebe Gott,
Und ich regier' die Erde!
Ich hab's ja immer dir gesagt,
Daß ich was Rechts noch werde.

Und Wunder tu' ich alle Tag,
Die sollen dich entzücken,
Und dir zum Spaße will ich heut
Die Stadt Berlin beglücken.

Die Pflastersteine auf der Straß',
Die sollen jetzt sich spalten,
Und eine Auster, frisch und klar,
Soll jeder Stein enthalten.

Ein Regen von Zitronensaft
Soll tauig sie begießen,
Und in den Straßengössen soll
Der beste Rheinwein fließen.

Wie freuen die Berliner sich,
Sie gehen schon ans Fressen;
Die Herren von dem Landgericht
Die saufen aus den Gössen.

Wie freuen die Poeten sich
Bei solchem Götterfraße!
Die Leutnants und die Fähnderichs,
Die lecken ab die Straße.

Die Leutnants und die Fähnderichs,
Das sind die klügsten Leute,
Sie denken, alle Tag' geschieht
Kein Wunder so wie heute."
(I, 131 ff - Buch der Lieder. Die Heimkehr, Nr. 66)

Aber nur in seiner Dichtung fühlt er sich so gottähnlich und ist ihm so fröhlich zumute; im realen Leben ist seine Selbstakzeptanz längst nicht so groß und ist seine Fröhlichkeit dahin - besonders dann, wenn er immer wieder neu versucht, sein Verhältnis zum Judentum zu definieren und zu jüdischen Menschen seines Umfeldes - letzteres fällt ihm offensichtlich wesentlich schwerer. Aus einem Brief vom 7. Mai 1853 an seine Mutter, Betty Heine:

Ich habe, liebe Mutter, Deiner Abneigung gegen die Juden nie beitreten wollen, aber sie haben mir das Leben verflucht sauer gemacht, und unser Herr und Heiland mußte wirklich ein Gott sein, um solchen Pharisäern ihre Verfolgungssucht vergeben zu können. Gottlob, ich sehe keine in meiner Nähe.
(An Betty Heine - Paris, 7. Mai 1853)

Eine heftige Distanzierung, die fast an Selbsthaß grenzt, jener berüchtigte "jüdische Selbsthaß", wie ihn später Theodor Lessing [12] *in seinem bekannten Essay* [13] *beschreibt und der seit Sigmund Freud inzwischen auch Gegenstand psychologischer Forschung geworden ist. Heine überliefert in seinen Aphorismen folgenden fiktiven Dialog:*

---

[12] *Theodor Lessing, 1872 - 1933, Schriftsteller und Kulturphilosoph*
[13] *"Der jüdische Selbsthaß", 1930*

B. Wenn ich von dem Stamme wäre, dem unser Heiland entsprossen, ich würde mich dessen eher rühmen als schämen -

A. Ach, das tät ich auch, wenn unser Heiland der einzige wäre, der diesem Stamm entsprossen - aber es ist demselben soviel Lumpengesindel ebenfalls entsprossen, daß diese Verwandtschaft anzuerkennen sehr bedenklich -

(XIV, 151 - Aphorismen und Fragmente)

Und noch eine boshafte Bemerkung Heines über einen uns nicht näher bekannten Zeitgenossen aus den "Aphorismen und Fragmenten":

Er sieht nicht aus wie ein Jude, sondern wie zehn Juden - mit ihm allein schon könnte man Minnjen machen. [14]

(XIV, 141 - Aphorismen und Fragmente)

Und eine weitere Sentenz aus den "Aphorismen":

Die Juden, wenn sie gut sind, sind sie besser, wenn sie schlecht, sind sie schlimmer als die Christen.

(XIV, 165 - Aphorismen und Fragmente)

Ähnliches sagt der folgende Vierzeiler, der zwar auch von Heine stammen könnte, jedoch Albert Einstein zugeschrieben wird:

"Schau ich mir die Juden an,
Hab' ich wenig Freude dran.
Fallen mir die andern ein,
Bin ich froh, ein Jud zu sein."

---

[14] *Minjan = die für den jüdischen Gottesdienst erforderliche Mindestzahl von zehn Männern*

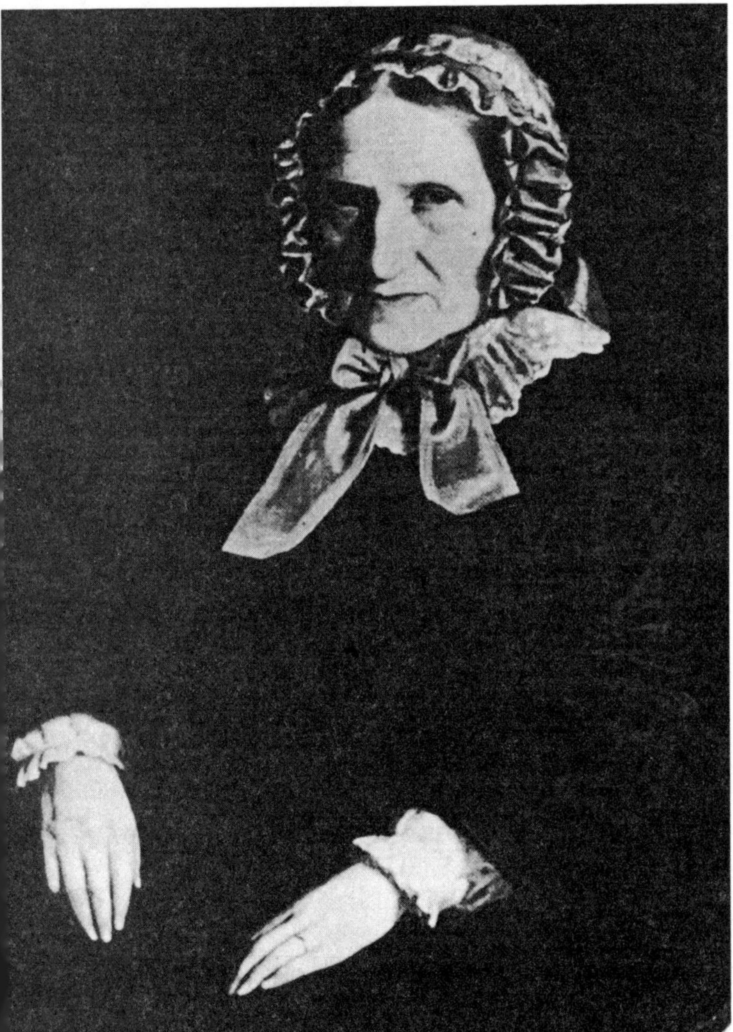

"Ich habe, liebe Mutter, Deiner Abneigung gegen die Juden nie beitreten wollen ... "
Die Mutter Betty Heine, geb. van Geldern (1771 - 1859)

Für dieses "Ranking" religiöser Überzeugungen liefert Heine in seiner lyrischen Sammlung "Hebräische Melodien" ein köstliches Beispiel, das bekannte lange Gedicht von dem schier endlosen christlich-jüdischen Streitgespräch:

Disputation

In der Aula zu Toledo
Klingen schmetternd die Fanfaren;
Zu dem geistlichen Turnei
Wallt das Volk in bunten Scharen.

Das ist nicht ein weltlich Stechen,
Keine Eisenwaffe blitzet -
Eine Lanze ist das Wort,
Das scholastisch scharf gespitzet.

Nicht galante Paladins
Fechten hier, nicht Damendiener -
Dieses Kampfes Ritter sind
Kapuziner und Rabbiner.

Statt des Helmes tragen sie
Schabbesdeckel und Kapuzen;
Skapulier und Arbekanfeß [15]
Sind der Harnisch, drob sie trutzen.

Welches ist der wahre Gott?
Ist es der Hebräer starrer
Großer Eingott, dessen Kämpe
Rabbi Juda, der Navarrer?

---

[15] *Arba Kanfot = Miniaturform des Tallit, des Gebetsmantels, wird unter der normalen Kleidung getragen, wobei die Schaufäden sichtbar sind.*

Oder ist es der dreifalt'ge
Liebegott der Christianer,
Dessen Kämpe Frater Jose,
Gardian der Franziskaner?

Durch die Macht der Argumente,
Durch der Logik Kettenschlüsse
Und Zitate von Autoren,
Die man anerkennen müsse,

Will ein jeder Kämpe seinen
Gegner ad absurdum führen
Und die wahre Göttlichkeit
Seines Gottes demonstrieren.

Festgestellt ist: daß derjen'ge,
Der im Streit ward überwunden,
Seines Gegners Religion
Anzunehmen sei verbunden,

Daß der Jude sich der Taufe
Heil'gem Sakramente füge,
Und im Gegenteil der Christ
Der Beschneidung unterliege.

Jedem von den beiden Kämpen
Beigesellt sind elf Genossen,
Die zu teilen sein Geschick
Sind in Freud und Leid entschlossen.

Glaubenssicher sind die Mönche
Von des Gardians Geleitschaft,
Halten schon Weihwasserkübel
Für die Taufe in Bereitschaft,

Schwingen schon die Sprengelbesen
Und die blanken Räucherfässer -
Ihre Gegner unterdessen
Wetzen die Beschneidungsmesser.

Beide Rotten stehn schlagfertig
Vor den Schranken in dem Saale,
Und das Volk mit Ungeduld
Harret drängend der Signale.

Unterm grünen Baldachin
Und umrauscht vom Hofgesinde
Sitzt der König und die Kön'gin;
Diese gleichet einem Kinde.

Ein französisch stumpfes Näschen,
Schalkheit kichert in den Mienen,
Doch bezaubernd sind des Mundes
Immer lächelnde Rubinen.

Schöne, flatterhafte Blume -
Daß sich ihrer Gott erbarme -
Von dem heitern Seineufer
Wurde sie verpflanzt, die arme,

Hierher in den steifen Boden
Der hispanischen Grandezza;
Weiland hieß sie Blanch' de Bourbon,
Doña Blanka heißt sie jetzo.

Pedro wird genannt der König
Mit dem Zusatz der Grausame;
Aber heute, milden Sinnes,
Ist er besser als sein Name.

Unterhält sich gut gelaunt
Mit des Hofes Edelleuten;
Auch den Juden und den Mohren
Sagt er viele Artigkeiten.

Diese Ritter ohne Vorhaut
Sind des Königs Lieblingsschranzen,
Sie befehl'gen seine Heere,
Sie verwalten die Finanzen.

Aber plöztlich Paukenschläge,
Und es melden die Trompeten,
Daß begonnen hat der Maulkampf,
Der Disput der zwei Athleten.

Der Gardian der Franziskaner
Bricht hervor mit frommen Grimme;
Polternd roh und widrig greinend
Ist abwechselnd seine Stimme.

In des Vaters und des Sohnes
Und des Heil'gen Geistes Namen
Exorzieret er den Rabbi,
Jakobs maledeiten Samen.

Denn bei solchen Kontroversen
Sind oft Teufelchen verborgen
In dem Juden, die mit Scharfsinn,
Witz und Gründen ihn versorgen.

Nun die Teufel ausgetrieben
Durch die Macht des Exorzismus,
Kommt der Mönch auch zur Dogmatik,
Kugelt ab den Katechismus.

Er erzählt, daß in der Gottheit
Drei Personen sind enthalten,
Die jedoch zu einer einz'gen,
Wenn es passend, sich gestalten -

Ein Mysterium, das nur
Von demjen'gen wird verstanden,
Der entsprungen ist dem Kerker
Der Vernunft und ihren Banden.

Er erzählt, wie Gott der Herr
Ward zu Bethlehem geboren
Von der Jungfrau, welche niemals
Ihre Jungferschaft verloren;

Wie der Herr der Welt gelegen
In der Krippe, und ein Kühlein
Und ein Öchslein bei ihm stunden,
Schier andächtig, zwei Rindviehlein.

Er erzählte, wie der Herr
Vor den Schergen des Herodes
Nach Ägypten floh, und später
Litt die herbe Pein des Todes

Unter Pontio Pilato,
Der das Urteil unterschrieben,
Von den harten Pharisäern,
Von den Juden angetrieben.

Er erzählte: wie der Herr,
Der entstiegen seinem Grabe
Schon am dritten Tag, gen Himmel
Seinen Flug genommen habe;

Wie er aber, wenn es Zeit ist,
Wiederkehren auf die Erde
Und zu Josaphat die Toten
Und Lebend'gen richten werde. [16]

"Zittert, Juden!" rief der Mönch,
"Vor dem Gott, den ihr mit Hieben
Und mit Dornen habt gemartert,
Den ihr in den Tod getrieben.

Seine Mörder, Volk der Rachsucht,
Juden, das seid ihr gewesen -
Immer meuchelt ihr den Heiland,
Welcher kommt, euch zu erlösen.

Judenvolk, du bist ein Aas,
Worin hausen die Dämonen;
Eure Leiber sind Kasernen
Für des Teufels Legionen.

Thomas von Aquino sagt es,
Den man nennt den großen Ochsen
Der Gelehrsamkeit, er ist
Licht und Lust der Orthodoxen.

Judenvolk, ihr seid Hyänen,
Wölfe, Schakals, die in Gräbern
Wühlen, um der Toten Leichnam'
Blutfraßgierig aufzustöbern.

---

[16] *Tal Josaphat, nach Joel 4, 2 und 12 Stätte des Gerichts der Endzeit, lokalisiert im Jerusalemer Kidrontal, zwischen Tempel und Ölberg, bevorzugter Begräbnisplatz frommer Juden.*

Juden, Juden, ihr seid Säue,
Paviane, Nashorntiere,
Die man nennt Rhinozerosse,
Krokodile und Vampire.

Ihr seid Raben, Eulen, Uhus,
Fledermäuse, Wiedehöpfe,
Leichenhühner, Basilisken,
Galgenvögel, Nachtgeschöpfe,

Ihr seid Vipern und Blindschleichen,
Klapperschlangen, gift'ge Kröten,
Ottern, Nattern - Christus wird
Eu'r verfluchtes Haupt zertreten.

Oder wollt ihr, Maledeiten,
Eure armen Seelen retten?
Aus der Bosheit Synagoge
Flüchtet nach der frommen Stätten,

Nach der Liebe lichtem Dome,
Wo im benedeiten Becken
Euch der Quell der Gnade sprudelt -
Drin sollt ihr die Köpfe stecken -

Wascht dort ab den alten Adam
Und die Laster, die ihn schwärzen;
Des verjährten Grolles Schimmel,
Wascht ihn ab von euren Herzen!

Hört ihr nicht des Heilands Stimme?
Euren neuen Namen rief er -
Lauset euch an Christi Brust
Von der Sünde Ungeziefer!

Unser Gott, der ist die Liebe,
Und er gleichet einem Lamme;
Um zu sühnen unsre Schuld,
Starb er an des Kreuzes Stamme.

Unser Gott, der ist die Liebe,
Jesus Christus ist sein Name;
Seine Duldsamkeit und Demut
Suchen wir stets nachzuahmen.

Deshalb sind wir auch so sanft,
So leutselig, ruhig, milde,
Hadern niemals, nach des Lammes,
Des Versöhners, Musterbilde.

Einst im Himmel werden wir
Ganz verklärt zu frommen Englein,
Und wir wandeln dort gottselig,
In den Händen Lilienstenglein.

Statt der groben Kutten tragen
Wir die reinlichsten Gewänder
Von Muss'lin, Brokat und Seide,
Goldne Troddeln, bunte Bänder.

Keine Glatze mehr! Goldlocken
Flattern dort um unsre Köpfe;
Allerliebste Jungfraun flechten
Uns das Haar in hübsche Zöpfe.

Weinpokale wird es droben
Von viel weiterm Umfang geben,
Als die Becher sind hier unten,
Worin schäumt der Saft der Reben.

Doch im Gegenteil viel enger
Als ein Weibermund hienieden,
Wird das Frauenmündchen sein,
Das dort oben uns beschieden.

Trinkend, küssend, lachend wollen
Wir die Ewigkeit verbringen,
Und verzückt Halleluja,
Kyrie eleison singen."

Also schloß der Christ. Die Mönchlein
Glaubten schon, Erleuchtung träte
In die Herzen, und sie schleppten
Flink herbei das Taufgeräte.

Doch die wasserscheuen Juden
Schütteln sich und grinsen schnöde.
Rabbi Juda, der Navarrer,
Hub jetzt an die Gegenrede:

"Um für deine Saat zu düngen
Meines Geistes dürren Acker,
Mit Mistkaren voll Schimpfwörter
Hast du mich beschmissen wacker.

So folgt jeder der Methode,
Dran er nun einmal gewöhnet,
Und anstatt dich drob zu schelten,
Sag ich Dank dir, wohlversöhnet.

Die Dreieinigkeitsdoktrin
Kann für unsre Leut' nicht passen,
Die mit Regula-de-tri
Sich von Jugend auf befassen.

Daß in deinem Gotte drei,
Drei Personen sind enthalten,
Ist bescheiden noch, sechstausend
Götter gab es bei den Alten.

Unbekannt ist mir der Gott,
Den ihr Christum pflegt zu nennen;
Seine Jungfer Mutter gleichfalls
Hab ich nicht die Ehr' zu kennen.

Ich bedaure, daß er einst,
Vor etwa zwölfhundert Jahren,
Ein'ge Unannehmlichkeiten
Zu Jerusalem erfahren.

Ob die Juden ihn getötet,
Das ist schwer jetzt zu erkunden,
Da ja das Corpus delicti
Schon am dritten Tag verschwunden.

Daß er ein Verwandter sei
Unres Gottes, ist nicht minder
Zweifelhaft; soviel wir wissen,
Hat der letztre keine Kinder.

Unser Gott ist nicht gestorben
Als ein armes Lämmerschwänzchen
Für die Menschheit, ist kein süßes
Philantröpfchen, Faselhänschen.

Unser Gott ist nicht die Liebe;
Schnäbeln ist nicht seine Sache,
Denn er ist ein Donnergott
Und er ist ein Gott der Rache.

Seines Zornes Blitze treffen
Unerbittlich jeden Sünder,
Und des Vaters Schulden büßen
Oft die späten Enkelkinder.

Unser Gott, der ist lebendig,
Und in seiner Himmelshalle
Existieret er drauflos
Durch die Ewigkeiten alle.

Unser Gott, und der ist auch
Ein gesunder Gott, kein Mythos
Bleich und dünne wie Oblaten
Oder Schatten am Cocytos.

Unser Gott ist stark. In Händen
Trägt er Sonne, Mond, Gestirne;
Throne brechen, Völker schwinden,
Wenn er runzelt seine Stirne.

Und er ist ein großer Gott.
David singt: Ermessen ließe
Sich die Größe nicht, die Erde
Sei der Schemel seiner Füße.

Unser Gott liebt die Musik,
Saitenspiel und Festgesänge;
Doch wie Ferkelgrunzen sind
Ihm zuwider Glockenklänge.

Leviathan heißt der Fisch,
Welcher haust im Meeresgrunde; [17]
Mit ihm spielet Gott der Herr
Alle Tage eine Stunde -

---

[17] *Leviathan, nach biblischer Tradition ein mythisches Meeresungeheuer*

Ausgenommen an dem neunten
Tag des Monats Ab, wo nämlich
Eingeäschert ward sein Tempel;
An dem Tag ist er zu grämlich. [18]

Des Leviathans Länge ist
Hundert Meilen, hat Floßfedern
Groß wie König Ok von Basan, [19]
Und sein Schwanz ist wie ein Zedern.

Doch sein Fleisch ist delikat,
Delikater als Schildkröten,
Und am Tag der Auferstehung
Wird der Herr zu Tische beten

Alle frommen Auserwählten,
Die Gerechten und die Weisen -
Unsres Herrgotts Lieblingsfisch
Werden sie alsdann verspeisen, [20]

Teils mit weißer Knoblauchbrühe,
Teils auch braun in Wein gesotten,
Mit Gewürzen und Rosinen,
Ungefähr wie Mateloten.

In der weißen Knoblauchbrühe
Schwimmen kleine Schäbchen Rettich -
So bereitet, Frater Jose,
Mundet dir das Fischlein, wett ich!

---

[18] *Am 9. Ab, Tisch'a be-aw, im Mai 70 n. Z. zerstörten die römischen Besatzer unter Führung von Titus den Jerusalemer Tempel*
[19] *5. Mose 3, 1 - 11*
[20] *4 Esr 6, 49 ff (apokryph)*

Auch die braune ist so lecker,
Nämlich die Rosinensauce,
Sie wird himmlisch wohl behagen
Deinem Bäuchlein, Frater Jose.

Was Gott kocht, ist gut gekocht! [21]
Mönchlein, nimm jetzt meinen Rat an,
Opfre hin die alte Vorhaut
Und erquick dich am Leviathan."

Also lockend sprach der Rabbi,
Lockend, ködernd, heimlich schmunzelnd,
Und die Juden schwangen schon
Ihre Messer wonnegrunzelnd,

Um als Sieger zu skalpieren
Die verfallenen Vorhäute,
Wahre Spolia opima [22]
In dem wunderlichen Streite.

Doch die Mönche hielten fest
An dem väterlichen Glauben
Und an ihrer Vorhaut, ließen
Sich derselben nicht berauben.

Nach dem Juden sprach aufs neue
Der katholische Bekehrer;
Wieder schimpft er, jedes Wort
Ist ein Nachttopf, und kein leerer.

---

[21] *In dieser Zeile darf man wohl eine Anspielung auf den Choral "Was Gott tut, das ist wohlgetan" vermuten.*
[22] *lat. = dem besiegten Feind geraubte Rüstung, übertr: fette Beute*

Darauf repliziert der Rabbi
Mit zurückgehaltnem Eifer;
Wie sein Herz auch überkocht,
Doch verschluckt er seinen Geifer.

Er beruft sich auf die Mischna,
Kommentare und Traktate;
Bringt auch aus dem Tausves-Jontof [23]
Viel beweisende Zitate.

Aber welche Blasphemie
Mußt er von dem Mönche hören!
Dieser sprach: der Tausves-Jontof
Möge sich zum Teufel scheren.

"Da hört alles auf, o Gott!"
Kreischt der Rabbi jetzt entsetzlich;
Und es reißt ihm die Geduld,
Rappelköpfig wird er plötzlich.

"Gilt nicht mehr der Tausves-Jontof,
Was soll gelten? Zeter! Zeter!
Räche, Herr, die Missetat,
Strafe, Herr, den Übeltäter!

Denn der Tausves-Jontof, Gott,
Das bist du! Und an dem frechen
Tausves-Jontof-Leugner mußt du
Deines Namens Ehre rächen.

Laß den Abgrund ihn verschlingen,
Wie des Korah böse Rotte,
Die sich wider dich empört
Durch Emeute und Komplotte. [24]

---

[23] *"Tossafot Jom-Tow", Mischna-Kommentar von Jom-Tow Lipmann Heller, 1579 - 1654)*

Donnre deinen besten Donner!
Strafe, o mein Gott, den Frevel -
Hattest du doch zu Sodoma
Und Gomorrha Pech und Schwefel! [25]

Treffe, Herr, die Kapuziner,
Wie du Pharao getroffen,
Der uns nachgesetzt, als wir
Wohlbepackt davongeloffen. [26]

Hunderttausend Ritter folgten
Diesem König von Mizrayim. [27]
Stahlbepanzert, blanke Schwerter
In den schrecklichen Jadayim. [28]

Gott! da hast du ausgestreckt
Deine Jad, und samt dem Heere
Ward ertränkt, wie junge Katzen,
Pharao im Roten Meere.

Treffe, Herr, die Kapuziner,
Zeige den infamen Schuften,
Daß die Blitze deines Zorn
Nicht verrauchten und verpufften.

Deines Sieges Ruhm und Preis
Will ich singen dann und sagen,
Und dabei, wie Mirjam tat,
Tanzen und die Pauke schlagen." [29]

---

[24] *4. Mose 16*
[25] *1. Mose 19*
[26] *2. Mose 12, 34 bis 14*
[27] *hebr: Mizrayim = Ägypten*
[28] *hebr. Jad = Hand, Jadayim = Hände*
[29] *2. Mose 15, 20 f*

In die Rede grimmig fiel
Jetzt der Mönch dem Zornentflammten:
"Mag dich selbst der Herr verderben,
Dich Verfluchten und Verdammten!

Trotzen kann ich deinen Teufeln,
Deinem schmutz'gen Fliegengotte,
Luzifer und Beelzebube,
Belial und Astarothe.

Trotzen kann ich deinen Geistern,
Deinen dunkeln Höllenpossen,
Denn in mir ist Jesus Christus,
Habe seinen Leib genossen.

Christus ist mein Leibgericht,
Schmeckt viel besser als Leviathan
Mit der weißen Knoblauchsauce,
Die vielleicht gekocht der Satan.

Ach! anstatt zu disputieren,
Lieber möcht ich schmoren, braten
Auf dem wärmsten Scheiterhaufen
Dich und deine Kameraden."

Also tost in Schimpf und Ernst
Das Turnei für Gott und Glauben,
Doch die Kämpen ganz vergeblich
Kreischen, schelten, wüten, schnauben.

Schon zwölf Stunden währt der Kampf,
Dem kein End' ist abzuschauen;
Müde wird das Publikum,
Und es schwitzen stark die Frauen.

Auch der Hof wird ungeduldig,
Manche Zofe gähnt ein wenig.
Zu der schönen Königin
Wendet fragend sich der König:

"Sagt mir, was ist Eure Meinung?
Wer hat recht von diesen beiden?
Wollt Ihr für den Rabbi Euch
Oder für den Mönch entscheiden?"

Doña Blanka schaut ihn an,
Und wie sinnend ihre Hände
Mit verschränkten Fingern drückt sie
An die Stirn und spricht am Ende:

"Welcher recht hat, weiß ich nicht -
Doch es will mich schier bedünken,
Daß der Rabbi und der Mönch,
Daß sie alle beide stinken."

(III, 151 ff - Romanzero. Drittes Buch. Hebräische Melodien)

Kulinarisches Intermezzo

Jetzt sollten Sie vielleicht eine kleine Verschnaufpause einlegen. Zwar werden wohl weder schwitzende Frauen noch stinkende Kleriker irgendwelcher Konfession in der Nähe sein. Aber einmal kurz aufstehen, umhergehen und das Glas nachfüllen - zur Rekreation des Gemütes und zwecks Förderung der Konzentrationsfähigkeit - das wäre jetzt nicht schlecht.

Nehmen Sie einen kräftigen Schluck und gönnen Sie sich - quasi als Pausen-Snack - einen kleinen Exkurs über Heines schon mehrfach erwähnte kulinarische Vorlieben und Erfahrungen und die damit verbundenen vergleichenden Beobachtungen weiblicher Eigenschaften und deren nationale Besonderheiten:

Aber nicht nur in Amsterdam haben die Götter sich gütigst bemüht, mein Vorurteil gegen Blondinen zu zerstören. Auch im übrigen Holland hatte ich das Glück, meine früheren Irrtümer zu berichtigen. Ich will beileibe die Holländerinnen nicht auf Kosten der Damen anderer Länder hervorstreichen. Bewahre mich der Himmel vor solchem Unrecht, welches von meiner Seite zugleich der größte Undank wäre. Jedes Land hat seine besondere Küche und seine besondere Weiblichkeiten, und hier ist alles Geschmacksache. Der eine liebt gebratene Hühner, der andere gebratene Enten; was mich betrifft, ich liebe gebratene Hühner und gebratene Enten und noch außerdem gebratene Gänse. Von hohem idealischen Standpunkte betrachtet, haben die Weiber überall eine gewisse Ähnlichkeit mit der Küche des Landes. Sind die britischen Schönen nicht ebenso gesund, nahrhaft, solide, konsistent, kunstlos und doch so vortrefflich wie Altenglands einfach gute Kost: Roastbeef,

Hammelbraten, Pudding in flammendem Kognak, Gemüse in Wasser gekocht, nebst zwei Saucen, wovon die eine aus gelassener Butter besteht?

Da lächelt kein Frikassee, da täuscht kein flatterndes Volau-vent, da seufzt kein geistreiches Ragout, da tändeln nicht jene tausendartig gestopften, gesottenen, aufgehüpften, gerösteten, durchzückerten, pikanten, deklamatorischen und sentimentalen Gerichte, die wir bei einem französischen Restaurant finden und die mit den schönen Französinnnen selbst die größte Ähnlichkeit bieten! Merken wir doch nicht selten, daß bei diesen ebenfalls der eigentliche Stoff nur als Nebensache betrachtet wird, daß der Braten selber manchmal weniger wert ist als die Sauce, daß hier Geschmack, Grazie und Eleganz die Hauptsache sind.

Italiens gelbfette, leidenschaftgewürzte, humoristisch garnierte, aber doch schmachtend idealische Küche trägt ganz den Charakter der italienischen Schönen. Oh, wie sehne ich mich manchmal nach den lombardischen Stuffados, nach den Tagliarinis und Broccolis der holdseligen Toscana! Alles schwimmt in Öl, träge und zärtlich, und trillert Rossinis süße Melodien und weint vor Zwiebelduft und Sehnsucht! Den Makkaroni mußt du aber mit den Fingern essen, und dann heißt er: Beatrice!

Nur gar zu oft denke ich an Italien und am öftersten des Nachts. Vorgestern träumte mir, ich befände mich in Italien und sei ein bunter Harlekin und läge recht faulenzerisch unter einer Trauerweide. Die herabhängenden Zweige dieser Trauerweide waren aber lauter Makkaroni, die mir lang und lieblich bis ins Maul hineinfielen; zwischen diesem Laubwerk von Makkaroni flossen statt Sonnenstrahlen lauter gelbe Butterströme, und endlich fiel von oben herab ein weißer Regen von geriebenem Parmesankäse. Ach! Von geträumten Makkaroni wird man nicht satt - Beatrice!

Von der deutschen Küche kein Wort. Sie hat alle möglichen Tugenden und nur einen einzigen Fehler; ich sage aber nicht welchen. Da gibt es gefühlvolles, jedoch unentschlossenes Backwerk, verliebte Eierspeisen, tüchtige Dampfnudeln, Gemüsesuppe mit Gerste, Pfannkuchen mit Äpfel und Speck, tugendhafte Hausklöße, Sauerkohl - wohl dem, der es verdauen kann.

Was die holländische Küche betrifft, so unterscheidet sie sich von letzterer erstens durch die Reinlichkeit, zweitens durch die eigentliche Leckerheit. Besonders ist die Zubereitung der Fische unbeschreibbar liebenswürdig. Rührend inniger und doch zugleich tiefsinnlicher Sellerieduft. Selbstbewußte Naivität und Knoblauch. Tadelhaft jedoch ist es, daß sie Unterhosen von Flanell tragen; nicht die Fische, sondern die schönen Töchter des meerumspülten Hollands.

(VII, 77 f - Aus den Memoiren des Herrn von Schnabelewopski, Kapitel VIII)

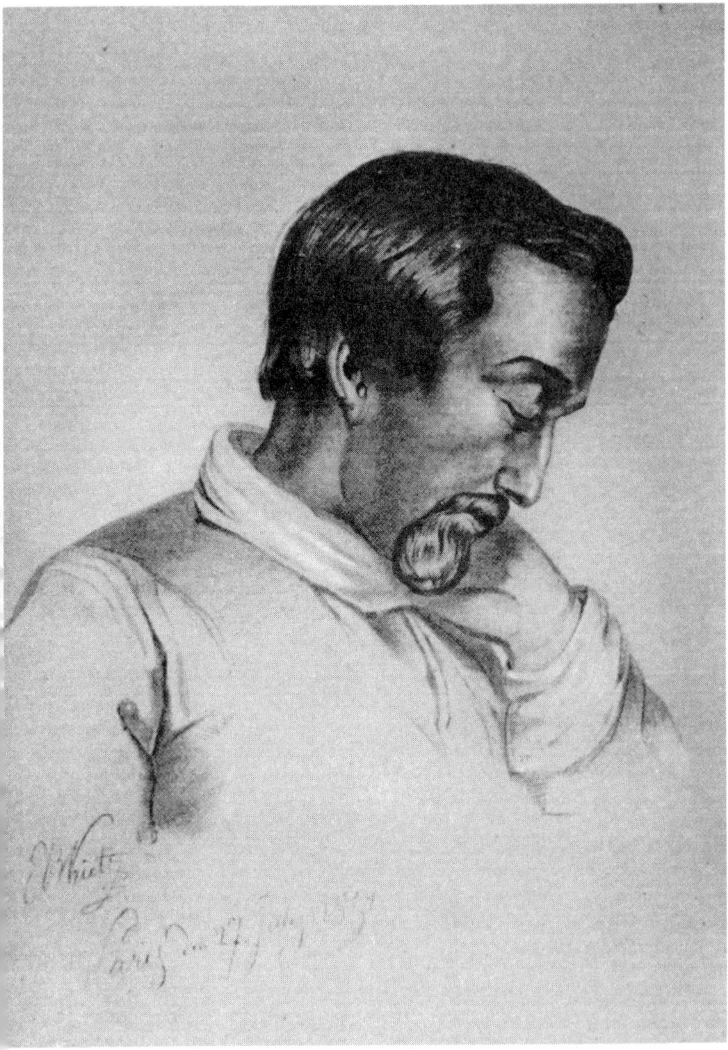

"Doch der schöne Tag verflittert ... "
Heinrich Heine, im Alter von 54 Jahren
nach einer Zeichnung
von Ernst Benedikt Kietz

"Wem geb' ich meine Religion ... ?"

Kehren wir aber jetzt zu unserem eigentlichen Thema zurück und beginnen wir den zweiten Teil dieser Betrachtungen mit einem Text aus einem der bekanntesten Prosawerke Heines "Der Rabbi von Bacherach".

Diese Erzählung ist leider Fragment geblieben. Sie spielt am Rhein, ihr Thema ist eine Ritualmordbeschuldigung als Vorwand für ein Pogrom. Dem jungen Rabbi Abraham und seiner schönen Frau Sara gelingt die Flucht nach Frankfurt in das dortige jüdische Ghetto. Hier trifft der Rabbi auf einen alten Freund aus seiner Studienzeit in Spanien. Der ist inzwischen allerdings aufgrund der Verhältnisse zum Christentum konvertiert - man könnte fast ein Selbstportrait Heines in dieser Figur vermuten.

Als sich die erste Wiedersehensfreude gelegt hat, verspürt man Hunger:

... "Nun, so will ich Euch nach der besten Garküche Israels führen", rief Don Isaak, "nach dem Hause meiner Freundin Schnapper-Elle, das hier in der Nähe. Schon rieche ich ihren holden Duft, nämlich der Garküche. O wüßtest du, Abraham, wie dieser Duft mich anspricht! Er ist es, der mich, seit ich in dieser Stadt verweile, so oft hinlockt nach den Zelten Jakobs. Der Verkehr mit dem Volk Gottes ist sonst nicht meine Liebhaberei, und wahrlich nicht um hier zu beten, sondern um zu essen besuche ich die Judengasse ... "

"Du hast uns nie geliebt, Don Isaak ... "

"Ja", fuhr der Spanier fort, "ich liebe Eure Küche weit mehr als Euren Glauben; es fehlt ihm die rechte Sauce. Euch selber habe ich nie ordentlich verdauen können. Selbst in Euren besten Zeiten, selbst unter der Regierung meines Ahnherren Davids, welcher König war über Juda und Israel, hätte ich es nicht unter Euch aushalten können, und ich wäre gewiß eines frühen Morgens aus der Burg Sion entsprungen und nach Phönizien emigriert, oder nach Babylonien, wo die Lebenslust schäumte im Tempel der Götter ... "

"Du lästerst, Isaak, den einzigen Gott", murmelte finster der Rabbi, "du bist weit schlimmer als ein Christ, du bist ein Heide, ein Götzendiener ... "

"Ja, ich bin ein Heide, und ebenso zuwider wie die dürren, freudlosen Hebräer sind mir die trüben, qualsüchtigen Nazarener. Unsre Liebe Frau von Sidon, die heilige Astarte, mag es mir verzeihen, daß ich vor der schmerzenreichen Mutter des Gekreuzigten niederknie und bete ... Nur mein Knie und meine Zunge huldigt dem Tode, mein Herz blieb treu dem Leben! ... "

"Aber schau nicht so sauer", fuhr der Spanier fort in seiner Rede, als er sah, wie wenig dieselbe den Rabbi zu erbauen schien, "schau mich nicht an mit Abscheu. Meine Nase ist nicht abtrünnig geworden. Als mich einst der Zufall um Mittagszeit in diese Straße führte, und aus den Küchen der Juden mir die wohlbekannten Düfte in die Nase stiegen: da erfaßte mich jene Sehnsucht, die unsere Väter empfanden, als sie zurückdachten an die Fleischtöpfe Ägyptens; wohlschmeckende Jugenderinnerungen stiegen in mir auf; ich sah wieder im Geiste die Karpfen mit brauner Rosinensauce, die meine Tante am Freitagabend so erbaulich zu bereiten wußte; ich sah wieder das gedämpfte Hammelfleisch mit Knoblauch und Mairettig, womit man die Toten erwecken kann, und die Suppe mit schwärmerisch schwimmenden Klößchen ... und mei-

ne Seele schmolz, wie die Töne einer verliebten Nachtigall, und seitdem esse ich in der Garküche meiner Freundin Doña Schnapper-Elle!"
(VII, 42 f - Der Rabbi von Bacherach, Drittes Kapitel)

Auch hier wieder eine Gleichsetzung von religiösen und kulinarischen Traditionen - für einen Juden sicherlich nicht ungewöhnlich: mit dem Einhalten der Koscher-Gesetze befolgt der fromme Jude Gottes Gebot. Und für die jüdische Hausfrau ist deshalb das Zubereiten von Gefillten Fisch oder das Kochen eines fetten Huhnes mehr als nur das Bereiten einer Mahlzeit, es ist Gottesdienst im Alltag; dieses Faktum wird in einer Strophe aus Heines Tannhäuser-Gedicht bestätigt. In Rom enttäuscht, unerlöst und verzweifelt hatte dieser sich wieder auf den Heimweg zu seiner geliebten Frau Venus gemacht. Im Frankfurter Judenquartier wird ihm kulinarisch-religiöser Trost zuteil:

> Zu Frankfurt kam ich am Schabbes an,
> Und aß dort Schalet und Klöße;
> Ihr habt die beste Religion,
> Auch lieb ich das Gänesegekröse.
>
> (I, 245 - Neue Gedichte, 1. Teil. Der Tannhäuser - eine Legende)

Die koschere Küche als Garant für den rechten Glauben, eine köstliche Nudelsuppe als Unterpfand göttlicher Zuwendung - da haben christliche Traditionen nur noch geringe Bedeutung:

> Wem geb' ich meine Religion,
> Den Glauben an Vater, Geist und Sohn?
> Der Kaiser von China, der Rabbi von Posen,
> Sie sollen beide darum losen.
>
> (IV, 18 - Nachlese zu den Gedichten. 1831 - 1848, aus "Testament")

JÜDISCHE LEIDEN
UND CHRISTLICHE SEUFZER

Wenn wir das folgende Gedicht lesen, wird uns sofort klar, wer von diesen beiden, der Kaiser von China oder der Rabbi von Posen, der Favorit ist und welcher wohl die größeren Chancen hat. Und wir werden auch konstatieren, daß es eines der schönsten Gedichte Heines ist, der Preisgesang auf die Prinzessin Sabbat:

Prinzessin Sabbat

In Arabiens Märchenbuche
Sehen wir verwünschte Prinzen,
Die zuzeiten ihre schöne
Urgestalt zurückgewinnen:

Das behaarte Ungeheuer
Ist ein Königsohn geworden;
Schmuckreich glänzend angekleidet,
Auch verliebt die Flöte blasend.

Doch die Zauberfrist zerrinnt,
Und wir schauen plötzlich wieder
Seine königliche Hoheit
In ein Ungetüm verzottelt.

Einen Prinzen solchen Schicksals
Singt mein Lied. Er ist geheißen
Israel. Ihn hat verwandelt
Hexenspruch in einen Hund.

Hund mit hündischen Gedanken,
Kötert er die ganze Woche
Durch des Lebens Kot und Kehricht,
Gassenbuben zum Gespötte.

Aber jeden Freitagabend,
In der Dämmrungstunde, plötzlich
Weicht der Zauber, und der Hund
Wird aufs neu' ein menschlich Wesen.

Mensch mit menschlichen Gefühlen,
Mit erhobnem Haupt und Herzen,
Festlich, reinlich schier gekleidet,
Tritt er in des Vaters Halle.

"Sei gegrüßt, geliebte Halle
Meines königlichen Vaters!
Zelte Jakobs, eure heil'gen
Eingangspforten küßt mein Mund!" [30]

Durch das Haus geheimnisvoll
Zieht ein Wispern und ein Weben,
Und der unsichtbare Hausherr
Atmet schaurig in der Stille.

Stille! Nur der Seneschall
(Vulgo Synagogendiener)
Springt geschäftig auf und nieder,
Um die Lampen anzuzünden.

---

[30] *Mit dieser Strophe zitiert Heine Gedanken aus dem Gebet "Ma towu", das beim Betreten der Synagoge gesprochen wird: "Wie schön sind deine Zelte, Jakob, und deine Wohnungen Israel. Durch die Fülle deiner Gnade darf ich dein Haus betreten. Ich liebe, Herr, die Stätte deines Hauses, den Ort, wo deine Ehre thront..."*

Trostverheißend goldne Lichter,
Wie sie glänzen, wie sie glimmern!
Stolz aufflackern auch die Kerzen
Auf der Brüstung des Almemors. [31]

Vor dem Schreine, der die Thora [32]
Aufbewahret und verhängt ist
Mit der kostbar seidnen Decke,
Die von Edelsteinen funkelt -

Dort an seinem Betpultständer
Steht schon der Gemeindesänger;
Schmuckes Männchen, das sein schwarzes
Mäntelchen kokett geachselt.

Um die weiße Hand zu zeigen,
Haspelt er am Halse, seltsam
An die Schläf' den Zeigefinger,
An die Kehl' den Daumen drückend.

Trällert vor sich hin ganz leise,
Bis er endlich lautaufjubelnd
Seine Stimm' erhebt und singt:
"Lecho Daudi Likras Kalle!

Lecho Daudi Likras Kalle -
Komm, Geliebter, deiner harret
Schon die Braut, die dir entschleiert
Ihr verschämtes Angesicht!"

---

[31] *Almemor = Podium in der Synagoge für die Schriftlesung*
[32] *Thora = die fünf Bücher Mose, hier: deren auf eine Pergamentrolle handgeschriebener Text*

Dieses hübsche Hochzeitskarmen
Ist gedichtet von dem großen
Hochberühmten Minnesinger
Don Jehuda ben Halevy.[33]

In dem Liede wird gefeiert
Die Vermählung Israels
Mit der Frau Prinzessin Sabbat,
Die man nennt die stille Fürstin.

Perl' und Blume aller Schönheit
Ist die Fürstin. Schöner war
Nicht die Königin von Saba,
Salomonis Busenfreundin,

Die, ein Blaustrumpf Äthiopiens,
Durch Esprit brillieren wollte,
Und mit ihren klugen Rätseln
Auf die Länge fatigant ward.

Die Prinzessin Sabbat, welche
Ja die personifizierte
Ruhe ist, verabscheut alle
Geisteskämpfe und Debatten.

Gleich fatal ist ihr die trampelnd
Deklamierte Passion,
Jenes Pathos, das mit flatternd
Aufgelöstem Haar einherstürmt.

---

[33] *"Lecho Daudi Likras Kalle"* = *"Auf, mein Freund, der Braut entgegen, Königin Sabbat wollen wir empfangen!"*. Dieses *"Hochzeitskarmen" stammt jedoch - entgegen Heines Meinung - nicht von dem Dichter und Philosophen Jehuda ben Ha-Lewi in Toledo (um 1075 - 1141), sondern von dem Mystiker und Kabbalisten Salomo ben Mose Ha-Lewi Alkabez (um 1505 - 1576) in der Heiligen Stadt Safed oberhalb des Sees Genezareth. Der Dichter bedient sich in diesem Hymnus der poetischen Sprache des Hohen Liedes, das König Salomo zugeschrieben wird.*

Sittsam birgt die stille Fürstin
In der Haube ihre Zöpfe;
Blickt so sanft wie die Gazelle,
Blüht so schlank wie eine Addas.

Sie erlaubt dem Liebsten alles,
Ausgenommen Tabakrauchen -
"Liebster, Rauchen ist verboten,
Weil es heute Sabbat ist.

Dafür aber heute mittag
Soll dir dampfen, zum Ersatz,
Ein Gericht, das wahrhaft göttlich -
Heute sollst du Schalet essen!" [34]

Schalet, schöner Götterfunken,
Tochter aus Elysium!
Also klänge Schillers Hochlied,
Hätt er Schalet je gekostet.

Schalet ist die Himmelsspeise,
Die der liebe Herrgott selber
Einst den Moses kochen lehrte
Auf dem Berge Sinai,

Wo der Allerhöchste gleichfalls
All die guten Glaubenslehren
Und die Heil'gen Zehn Gebote
Wetterleuchtend offenbarte. [35]

---

[34] *Schalet - Scholet - Tscholent = Eintopfgericht in vielen Varianten. Da am Sabbat Feueranzünden und deshalb auch Kochen (und Rauchen) verboten ist, wird es am Vortag zubereitet und warm gehalten.*

[35] *Man beachte die Reihenfolge: Zunächst koschere Kochrezepte und dann erst die Zehn Gebote!*

Schalet ist des wahren Gottes
Kocheres Ambrosia,
Wonnebrot des Paradieses,
Und mit solcher Kost verglichen

Ist nur eitel Teufelsdreck
Das Ambrosia der falschen
Heidengötters Griechenlands,
Die verkappte Teufel waren.

Speist der Prinz von solcher Speise,
Glänzt sein Auge wie verkläret,
Und er knöpfet auf die Weste,
Und er spricht mit sel'gem Lächeln:

"Hör ich nicht den Jordan rauschen?
Sind das nicht die Brüselbrunnen
In dem Palmental von Beth-El,
Wo gelagert die Kamele?

Hör ich nicht die Herdenglöckchen?
Sind das nicht die fetten Hämmel,
Die vom Gileathgebirge
Abendlich der Hirt herabtreibt?"

Doch der schöne Tag verflittert;
Wie mit langen Schattenbeinen
Kommt geschritten der Verwünschung
Böse Stund' - Es seufzt der Prinz.

Ist ihm doch, als griffen eiskalt
Hexenfinger in sein Herze.
Schon durchrieseln ihn die Schauer
Hündischer Metamorphose.

Die Prinzessin reicht dem Prinzen
Ihre güldne Nardenbüchse.
Langsam riecht er - will sich laben
Noch einmal an Wohlgerüchen.

Es kredenzet die Prinzessin
Auch den Abschiedstrunk dem Prinzen -
Hastig trinkt er, und im Becher
Bleiben wen'ge Tropfen nur.

Er besprengt damit den Tisch,
Nimmt alsdann ein kleines Wachslicht,
Und er tunkt es in die Nässe,
Daß es knistert und erlischt. [36]
(III, 117 ff - Romanzero. Drittes Buch, Hebräische Melodien)

Dieses Motiv von dem "armen Hund", dem verwunschenen erbärmlichen Hausierer, der sich am Sabbat in einen Prinzen verwandelt, taucht ebenfalls im folgenden Text auf. Auch hier ist am Schluß klar, welche der drei Religionen die dem Menschen gemäßeste ist: Protestantismus, Katholizismus oder Judentum. Na, welche wohl? Na, klar doch:

Es war schon spät, als ich die Wohnung des Marchese erreichte. Als ich ins Zimmer trat, stand Hyazinth allein und putzte die goldenen Sporen seines Herrn, welcher, wie ich durch die halbgeöffnete Türe seines Schlafkabinetts sehen konnte, vor einer Madonna und einem großen Kruzifixe auf den Knieen lag.

Du mußt nämlich wissen, lieber Leser, daß der Marchese, dieser vornehme Mann, jetzt ein guter Katholik ist, daß er die

---

[36] *Hier beschreibt Heine die häusliche Hawdala-Zeremonie am Samstagabend, das Abschiedsritual für den scheidenden Sabbat: der Segen über den letzten Becher Wein, der bis auf einen kleinen Rest geleert wird. In diesen wenigen letzten Tropfen wird das Sabbatlicht gelöscht.*

Zeremonien der alleinseligmachenden Kirche streng ausübt, und sich, wenn er in Rom ist, einen eignen Kapellan hält, aus demselben Grunde, weshalb er in England die besten Wettrenner und in Paris die schönste Tänzerin unterhielt.

"Herr Gumpel verrichtet jetzt sein Gebet" - flüsterte Hyazinth mit einem wichtigen Lächeln, und indem er nach dem Kabinette seines Herrn deutete, fügte er noch leiser hinzu: "So liegt er alle Abend zwei Stunden auf den Knieen vor der Primadonna mit dem Jesuskind. Es ist ein prächtiges Kunstbild, und es kostet ihm sechshundert Franceskonis."

"Und Sie, Herr Hyazinth, warum knien Sie nicht hinter ihm? Oder sind Sie etwa kein Freund von der katholischen Religion?"

"Ich bin ein Freund davon und auch wieder kein Freund davon", antwortet jener mit bedenklichem Kopfwiegen. "Es ist eine gute Religion für einen vornehmen Baron, der den ganzen Tag müßig gehen kann, und für einen Kunstkenner; aber es ist keine Religion für einen Hamburger, für einen Mann, der sein Geschäft hat, und durchaus keine Religion für einen Lotteriekollekteur. Ich muß jede Nummer, die gezogen wird, ganz exakt aufschreiben, und denke ich dann zufällig an Bum! bum! bum!, an eine katholische Glock', oder schwebelt es mir vor den Augen wie katholischer Weihrauch und ich verschreib mich und ich schreibe eine unrechte Zahl, so kann das größte Unglück daraus entstehen. Ich habe oft zu Herren Gumpel gesagt: 'Ew. Exzellenz sind ein reicher Mann und können katholisch sein, soviel Sie wollen, und können sich den Verstand ganz katholisch einräuchern lassen und können so dumm werden wie eine katholische Glock', und Sie haben doch zu essen; ich aber bin ein Geschäftsmann und muß meine sieben Sinne zusammenhalten, um was zu verdienen.' Herr Gumpel meint freilich, es sei nötig für die Bildung, und wenn ich nicht katholisch würde, verstände ich nicht die Bilder, die zur Bildung gehören, nicht den Johann von Viehesel, den Corretschio, den Carratschio, den Carravatschio [37] aber ich habe immer gedacht, der Corretschio und Carratschio und Carravatschio können mir alle nicht helfen, wenn niemand mehr bei mir spielt, und ich komme dann in die Patschio. Dabei muß ich Ihnen auch gestehen, Herr Doktor, daß mir die katholische Religion nicht einmal Vergnügen macht, und als vernünftiger Mann müssen Sie mir recht geben. Ich sehe das Plaisier nicht ein, es ist eine Religion, als wenn der liebe Gott, gottbewahre, eben gestorben wäre, und es riecht dabei nach Weihrauch, wie bei einem Leichenbegängnis, und dabei brummt eine so traurige Begräbnismusik, daß man die Melancholik bekömmt - ich sage Ihnen, es ist keine Religion für einen Hamburger."

"Aber, Herr Hyazinth, wie gefällt Ihnen denn die protestantische Religion?"

"Die ist mir wieder zu vernünftig, Herr Doktor, und gäbe es in der protestantischen Kirche keine Orgel, so wäre sie gar keine Religion. Unter uns gesagt, diese Religion schadet nichts und ist so rein wie ein Glas Wasser, aber sie hilft auch nichts. Ich habe sie probiert und diese Probe kostet mich vier Mark vierzehn Schilling -"

"Wieso, mein lieber Herr Hyazinth?"

"Sehen, Herr Doktor, ich habe gedacht: das ist freilich eine sehr aufgeklärte Religion, und es fehlt ihr an Schwärmerei und Wunder; indessen, ein bißchen Schwärmerei muß sie doch haben, ein ganz klein Wunderchen muß sie doch tun können, wenn sie sich für eine honette Religion ausgeben will. Aber wer soll da Wunder tun, dacht' ich, als ich mal in Hamburg eine protestantische Kirche besah, die zu der ganz kahlen Sorte gehörte, wo nichts als braune Bänke und weiße Wände sind, und an der Wand nichts als ein schwarz Täfelchen hängt, worauf ein halb Dutzend weiße Zahlen stehen. Du tust dieser

---

[37] *die ital. Maler Fra Giovanni da Fiesole, gt. Fra Angelico - Antonio Allegri, gt. Correggio - die Malerdynastie Caracci - Michelangelo da Merisi, gt. Caravaggio*

Religion vielleicht unrecht, dacht' ich wieder, vielleicht können diese Zahlen ebensogut ein Wunder tun wie ein Bild von der Muttergottes oder wie ein Knochen von ihrem Mann, dem heiligen Joseph, und um der Sache auf den Grund zu kommen, ging ich gleich nach Altona und besetzte ebendiese Zahlen in der Altonaer Lotterie, die Ambe besetzte ich mit acht Schilling, die Terne mit sechs, die Quaterne mit vier und die Quinterne mit zwei Schilling[38] - Aber, ich versichere Sie auf meine Ehre, keine einzige von den protestantischen Nummern ist herausgekommen. Jetzt wußte ich, was ich zu denken hatte, jetzt dacht ich, bleibt mir weg mit einer Religion, die gar nichts kann, bei der nicht einmal eine Ambe herauskömmt - werde ich so ein Narr sein, auf diese Religion, worauf ich schon vier Mark und vierzehn Schilling gesetzt und verloren habe, noch meine ganze Glückseligkeit zu setzen?"

"Die altjüdische Religion scheint Ihnen gewiß viel zweckmäßiger, mein Lieber?"

"Herr Doktor, bleiben Sie mir weg mit der altjüdischen Religion, die wünsche ich nicht meinem ärgsten Feind. Man hat nichts als Schimpf und Schande davon. Ich sage Ihnen, es ist gar keine Religion, sondern ein Unglück. Ich vermeide alles, was mich daran erinnern könnte, und weil Hirsch ein jüdisches Wort ist und auf deutsch Hyazinth heißt, so habe ich sogar den alten Hirsch laufen lassen und unterschreibe mich jetzt: 'Hyazinth, Kollekteur, Operateur und Taxator'. Dazu habe ich noch den Vorteil, daß schon ein H auf meinem Petschaft steht und ich mir kein neues stechen zu lassen brauche. Ich versichere Ihnen, es kommt auf dieser Welt viel darauf an, wie man heißt; der Name tut viel. Wenn ich mich unterschreibe: 'Hyazinth, Kollekteur, Operateur, Taxator', so klingt das ganz anders, als schriebe ich 'Hirsch' schlechtweg, und man kann mich dann nicht wie einen gewöhnlichen Lump behandeln."

---

[38] *Spieleinsätze in einem alten Lottosystem*

"Mein lieber Herr Hyazinth! Wer könnte Sie so behandeln! Sie scheinen schon so viel für Ihre Bildung getan zu haben, daß man in Ihnen den gebildeten Mann schon erkennt, ehe Sie den Mund auftun, um zu sprechen."

"Sie haben recht, Herr Doktor, ich habe in der Bildung Fortschritte gemacht wie eine Riesin. Ich weiß wirklich nicht, wenn ich nach Hamburg zurückkehre, mit wem ich dort umgehen soll; und was die Religion anbelangt, so weiß ich, was ich tue. Vorderhand aber kann ich mich mit dem neuen israelitischen Tempel noch behelfen; ich meine den reinen Mosaikgottesdienst, mit orthographischen deutschen Gesängen und gerührten Predigten und einigen Schwärmereichen, die eine Religion durchaus nötig hat. So wahr mir Gott alles Gut's gebe, für mich verlange ich jetzt keine bessere Religion, und sie verdient, daß man sie unterstützt. Ich will das Meinige tun, und bin ich wieder in Hamburg, so will ich alle Sonnabend', wenn kein Ziehungstag ist, in den neuen Religiontempel gehen. Es gibt leider Menschen, die diesem neuen israelitischen Gottesdienst einen schlechten Namen machen und behaupten, er gäbe, mit Respekt zu sagen, Gelegenheit zu einem Schisma - aber ich kann ihnen versichern, es ist eine gute reinliche Religion, noch etwas zu gut für den gemeinen Mann, für den die altjüdische Religion vielleicht noch immer sehr nützlich ist. Der gemeine Mann muß eine Dummheit haben, worin er sich glücklich fühlt, und er fühlt sich glücklich in seiner Dummheit. So ein alter Jude mit einem langen Bart und zerrissenem Rock, und der kein orthographisch Wort sprechen kann und sogar ein bißchen grindig ist, fühlt sich vielleicht innerlich glücklicher als ich mich mit all meiner Bildung. Da wohnt in Hamburg, im Bäckerbreitengang, auf einem Sahl, ein Mann, der heißt Moses Lümpchen; der läuft die ganze Woche herum, in Wind und Wetter, mit seinem Packen auf dem Rücken, um seine paar Mark zu verdienen; wenn der nun Freitag abends nach Hause kömmt, findet er die Lampe mit sieben Lichtern angezündet, den Tisch weiß gedeckt, und er legt seinen Packen und seine Sorgen von sich und setzt sich zu Tisch mit seiner schiefen Frau und noch schieferen Tochter, ißt mit ihnen Fische, die gekocht sind in angenehm weißer Knoblauchsauce, singt dabei die prächtigsten Lieder von König David, freut sich von ganzem Herzen über den Auszug der Kinder Israel aus Ägypten, freut sich auch, daß alle Bösewichter, die ihnen Böses getan, am Ende gestorben sind, daß König Pharao, Nebukadnezar, Haman, Antiochus, Titus und all solche Leute tot sind, daß Lümpchen aber noch lebt und mit Frau und Kind Fisch ißt - Und ich sage Ihnen, Herr Doktor, die Fische sind delikat, und der Mann ist glücklich, er braucht sich mit keiner Bildung abzuquälen, er sitzt vergnügt in seiner Religion und seinem grünen Schlafrock, wie Diogenes in seiner Tonne, er betrachtet vergnügt seine Lichter, die er nicht einmal selbst putzt - Und ich sage Ihnen, wenn die Lichter etwas matt brennen und die Schabbesfrau, die sie zu putzen hat, nicht bei der Hand ist und Rothschild der Große käme jetzt herein, mit all seinen Maklern, Diskonteuren, Spediteuren und Chefs de Comptoir, womit er die Welt erobert, und er spräche: 'Moses Lump, bitte dir eine Gnade aus, was du haben willst, soll geschehen.' - Herr Doktor, ich bin überzeugt, Moses Lump würde ruhig antworten: 'Putz mir die Lichter!', und Rothschild der Große würde mit Verwunderung sagen: 'Wär ich nicht Rothschild, so möchte ich so ein Lümpchen sein!'"

(V, 275 ff - Reisebilder, Dritter Teil. Die Bäder von Lucca)

Hier liefert Heine einen Rundumschlag und trifft alle drei uns vertrauten religiösen Gruppierungen.

Eine vierte Religion jedoch genoß Heines besondere Wertschätzung, taucht allerdings hier nicht auf - vielleicht, weil sie nicht direkt in unserem Umfeld anzutreffen ist, zumindest nicht damals zu Heines Zeiten, nämlich der Islam. In vielen Gedichten preist Heine diese orientalischen Traditionen, immer wieder wird das "Goldene Zeitalter" in Spanien beschworen, je-

nes produktive Miteinander von Juden, Arabern (den Mauren oder Mohren) und Christen - ein Miteinander, das zu einer beispiellosen kulturellen Hochblüte führte, bevor Fanatismus und gewalttätiges Machtstreben zur Vertreibung der Araber und Verfolgung und Ermordung der Juden führte. Die Scheiterhaufen der Inquisition loderten hell und das Taufwasser floß reichlich.

1492 hatten die katholischen Majestäten diesen inneren Reichtum, jenes "Goldene Zeitalter", in ihrem Land endgültig zerstört - pikanterweise im selben Jahr, in dem Columbus im Auftrage Spaniens zu neuen Kontinenten aufbrach. Diese innere Verarmung, die Spanien sich selbst - und damit der gesamten christlichen Welt - zugefügt hatte, wurde durch dieses neue gewaltsam eroberte "El Dorado", das "Goldene Land", mit seinen durch Mord, Plünderung und Ausbeutung erpreßten materiellen Schätzen nicht aufgewogen. Im Gegenteil: die Negativfolgen dieser gefeierten Columbus-Entdeckung sowie der anderen Ereignisse jenes Jahres sind heute noch deutlich und heftig spürbar.

Nachstehend wenigstens eines dieser melancholischen Gedichte Heines, die jener versunkenen maurischen Epoche in Andalusien nachtrauern:

Almansor

1.

In dem Dome zu Corduva
Stehen Säulen, dreizehnhundert,
Dreizehnhundert Riesensäulen
Tragen die gewalt'ge Kuppel.

Und auf Säulen, Kuppel, Wänden,
Ziehn von oben sich bis unten
Des Korans arab'sche Sprüche,
Klug und blumenhaft verschlungen.

Mohrenkön'ge bauten weiland
Dieses Haus zu Allahs Ruhme,
Doch hat vieles sich verwandelt
In der Zeiten dunkelm Strudel.

Auf dem Turme, wo der Türmer
Zum Gebete aufgerufen,
Tönet jetzt der Christenglocken
Melancholisches Gesumme.

Auf den Stufen, wo die Gläub'gen
Das Prophetenwort gesungen,
Zeigen jetzt die Glatzenpfäfflein
Ihrer Messe fades Wunder.

Und das ist ein Drehn und Winden
Vor den buntbemalten Puppen,
Und das blökt und dampft und klingelt,
Und die dummen Kerzen funkeln.

In dem Dome zu Corduva
Steht Almansor ben Abdullah,
All' die Säulen still betrachtend,
Und die stillen Worte murmelnd:

"O, ihr Säulen, stark und riesig,
Einst geschmückt zu Allahs Ruhme,
Jetzo müßt ihr dienend huld'gen
Dem verhaßten Christentume!

Ihr bequemt euch in die Zeiten,
Und ihr tragt die Last geduldig; -
Ei, da muß ja wohl der Schwächre
Noch viel leichter sich beruh'gen."

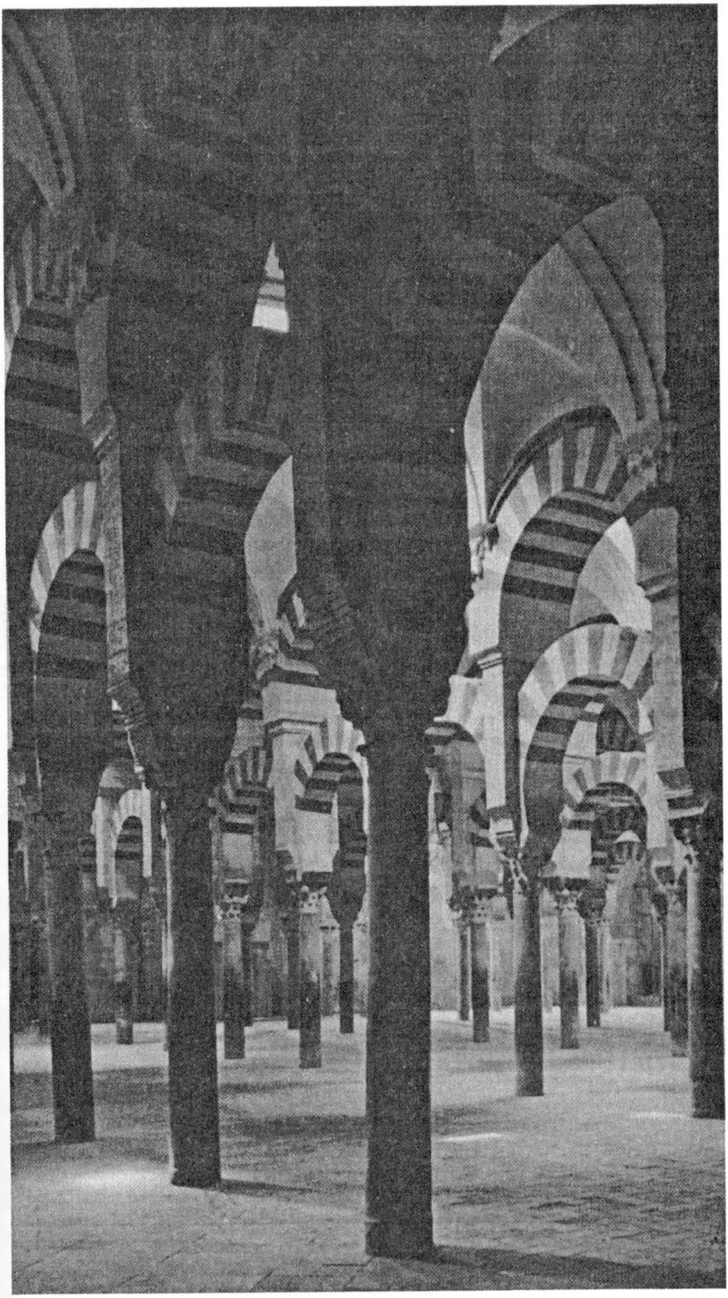

"In dem Dome zu Corduva stehen Säulen, dreizehnhundert ... "

Moschee ("Mezquita") von Córdoba mit ihrem berühmten "Säulenwald" aus 856 Säulen, begonnen im 9. Jahrhundert, mehrfach erweitert, nach der "Reconquista" zur Kathedrale ausgebaut.

Und sein Haupt, mit heiterm Antlitz,
Beugt Almansor ben Abdullah
Über den gezierten Taufstein,
In dem Dome zu Corduva.

2.

Hastig schritt er aus dem Dome,
Jagte fort auf wildem Rappen,
Daß im Wind die feuchten Locken
Und des Hutes Federn wallen.

Auf dem Weg nach Alkolea,
Dem Guadalquivir entlange,
Wo die weißen Mandeln blühen,
Und die duft'gen Gold-Orangen;

Dorten jagt der lust'ge Ritter,
Pfeift und singt, und lacht behaglich.
Und es stimmen ein die Vögel
Und des Stromes laute Wasser.

In dem Schloß zu Alkolea
Wohnet Clara de Alvares,
In Navarra kämpft ihr Vater,
Und sie freut sich mindern Zwanges.

Und Almansor hört schon ferne
Pauken und Trommeten schallen,
Und er sieht des Schlosses Lichter
Blitzen durch der Bäume Schatten.

In dem Schloß zu Alkolea
Tanzen zwölf geschmückte Damen,
Tanzen zwölf geschmückte Ritter,
Doch am schönsten tanzt Almansor.

Wie beschwingt von muntrer Laune
Flattert er herum im Saale,
Und er weiß den Damen allen
Süße Schmeichelein zu sagen.

Isabellens schöne Hände
Küßt er rasch, und springt von dannen;
Und er setzt sich vor Elviren,
Und er schaut ihr froh ins Antlitz.

Lachend fragt er Leonoren:
Ob er heute ihr gefalle?
Und er zeigt die goldnen Kreuze
Eingestickt in seinen Mantel.

Er versichert jeder Dame:
Daß er sie im Herzen trage;
Und "so wahr ich Christ bin!" schwört er
Dreißigmal an jenem Abend.

3.

In dem Schloß zu Alkolea
Ist verschollen Lust und Klingen,
Herrn und Damen sind verschwunden,
Und erloschen sind die Lichter.

Doña Clara und Almansor
Sind allein im Saal geblieben;
Einsam streut die letzte Lampe
Über beide ihren Schimmer.

Auf dem Sessel sitzt die Dame,
Auf dem Schemel sitzt der Ritter,
Und sein Haupt, das schlummermüde,
Ruht auf den geliebten Knieen.

Rosenöl, aus goldnem Fläschchen,
Gießt die Dame, sorgsam sinnend,
Auf Almansors braune Locken -
Und er seufzt aus Herzenstiefe.

Süßen Kuß, mit sanftem Munde,
Drückt die Dame sorgsam sinnend,
Auf Almansors braune Locken -
Und es wölkt sich seine Stirne.

Tränenflut, aus lichten Augen,
Weint die Dame, sorgsam sinnend,
Auf Almansors baune Locken -
Und es zuckt um seine Lippen.

Und er träumt: er stehe wieder,
Tief das Haupt gebeugt und triefend,
In dem Dome zu Corduva,
Und er hört viel dunkle Stimmen.

All die hohen Riesensäulen
Hört er murmeln unmutgrimmig,
Länger wollen sie's nicht tragen,
Und sie wanken und sie zittern; -

Und sie brechen wild zusammen,
Es erbleichen Volk und Priester,
Krachend stürzt herab die Kuppel,
Und die Christengötter wimmern.
(I, 150 ff - Buch der Lieder. Die Heimkehr)

Das Versmaß dieses Gedichtes ist so vollkommen, daß zunächst gar nicht auffällt, daß es auf den Reim verzichtet. Auch auf das nächste Gedicht trifft das zu. Und auch dieses Gedicht widmet sich dem Spanien zur Zeit der Reconquista unter den katholischen Majestäten:

Doña Clara

In dem abendlichen Garten
Wandelt des Alkaden Tochter;
Pauken- und Trommetenjubel
Klingt herunter von dem Schlosse.

"Lästig werden mir die Tänze
Und die süßen Schmeichelworte,
Und die Ritter, die so zierlich
Mich vergleichen mit der Sonne.

Überlästig wird mir alles,
Seit ich sah, beim Strahl des Mondes,
Jenen Ritter, dessen Laute
Nächtens mich ans Fenster lockte.

Wie er stand so schlank und mutig,
Und die Augen leuchtend schossen
Aus dem edelblassen Antlitz,
Glich er wahrlich Sankt Georgen."

Also dachte Doña Clara,
Und sie schaute auf den Boden;
Wie sie aufblickt, steht der schöne,
Unbekannte Ritter vor ihr.

Händedrückend, liebeflüsternd,
Wandeln sie umher im Mondschein
Und der Zephyr schmeichelt freundlich,
Märchenartig grüßen Rosen.

Märchenartig grüßen Rosen.
Und sie glühn wie Liebesboten. -
"Aber sage mir, Geliebte,
Warum du so plötzlich rot wirst?"

"Mücken stachen mich, Geliebter,
Und die Mücken sind im Sommer
Mir so tief verhaßt, als wären's
Langenas'ge Judenrotten."

"Laß die Mücken und die Juden",
Spricht der Ritter, freundlich kosend.
Von den Mandelbäumen fallen
Tausend weiße Blütenflocken.

Tausend weiße Blütenflocken
Haben ihren Duft ergossen. -
"Aber sage mir, Geliebte,
Ist dein Herz mir ganz gewogen?"

"Ja, ich liebe dich, Geliebter,
Bei dem Heiland sei's geschworen,
Den die gottverfluchten Juden
Boshaft tückisch einst ermordet."

"Laß den Heiland und die Juden",
Spricht der Ritter, freundlich kosend.
In der Ferne schwanken traumhaft
Weiße Lilien, lichtumflossen.

Weiße Lilien, lichtumflossen,
Blicken nach den Sternen droben. -
"Aber sage mir, Geliebte,
Hast du auch nicht falsch geschworen?"

"Falsch ist nicht in mir, Geliebter,
Wie in meiner Brust kein Tropfen
Blut ist von dem Blut der Mohren
Und des schmutz'gen Judenvolkes."

"Laß die Mohren und die Juden",
Spricht der Ritter, freundlich kosend;
Und nach einer Myrtenlaube
Führt er die Alkadentochter.

Mit den weichen Liebesnetzen
Hat er heimlich sie umflochten!
Kurze Worte, lange Küsse,
Und die Herzen überflossen.

Wie ein schmelzend süßes Brautlied
Singt die Nachtigall, die holde;
Wie zum Fackeltanze hüpfen
Feuerwürmchen auf dem Boden.

In der Laube wird es stiller,
Und man hört nur, wie verstohlen,
Das Geflüster kluger Myrten
Und der Blumen Atemholen.

Aber Pauken und Trommeten
Schallen plötzlich aus dem Schlosse,
Und erwachend hat sich Clara
Aus des Ritters Arm gezogen.

"Horch! da ruft es mich, Geliebter,
Doch, bevor wir scheiden, sollst du
Nennen deinen lieben Namen,
Den du mir so lang verborgen."

Und der Ritter, heiter lächelnd,
Küßt die Finger seiner Doña,
Küßt die Lippen und die Stirne,
Und er spricht zuletzt die Worte:

"Ich, Señora, Eu'r Geliebter,
Bin der Sohn des vielbelobten,
Großen, schriftgelehrten Rabbi
Israel von Saragossa."
(I, 147 ff - Buch der Lieder. Die Heimkehr)

Szenenwechsel: von einer zwar sicherlich glutäugigen, aber leider auch etwas zickigen verwöhnten Tochter eines königlichen Beamten in Spanien hin zu dem liebeskranken Sohn einer armen deutschen Witwe in Köln - wirklich "ne ärme Jung". Dessen betrübliches Schicksal beschreibt Heine in einem empfindsamen Gedicht voller Innigkeit, Wehmut und Andacht:

Die Wallfahrt nach Kevlaar

1.

Am Fenster stand die Mutter,
Im Bette lag der Sohn.
"Willst du nicht aufstehn, Wilhelm,
Zu schaun die Prozession?"

"Ich bin so krank, o Mutter,
Daß ich nicht hör und seh;
Ich denk an das tote Gretchen,
Da tut das Herz mir weh." -

"Steh auf, wir wollen nach Kevlaar,
Nimm Buch und Rosenkranz;
Die Muttergottes heilt dir
Dein krankes Herze ganz."

Es flattern Kirchenfahnen,
Es singt im Kirchenton;
Das ist zu Köllen am Rheine,
Da geht die Prozession.

Die Mutter folgt der Menge,
Den Sohn, den führet sie,
Sie singen beide im Chore:
"Gelobt seist du, Marie!"

2.

Die Muttergottes zu Kevlaar
Trägt heut ihr bestes Kleid;
Heut hat sie viel zu schaffen,
Es kommen viel kranke Leut'.

Die kranken Leute bringen
Ihr dar, als Opferspend',
Aus Wachs gebildete Glieder,
Viel wächserne Füß' und Händ'.

Und wer eine Wachshand opfert,
Dem heilt an der Hand die Wund';
Und wer einen Wachsfuß opfert,
Dem wird der Fuß gesund.

Nach Kevlaar ging mancher auf Krücken,
Der jetzo tanzt auf dem Seil,
Gar mancher spielt jetzt die Bratsche,
Dem dort kein Finger war heil.

Die Mutter nahm ein Wachslicht,
Und bildete draus ein Herz.
"Bring das der Muttergottes,
Dann heilt sie deinen Schmerz."

Der Sohn nahm seufzend das Wachsherz,
Ging seufzend zum Heiligenbild;
Die Träne quillt aus dem Auge,
Das Wort aus dem Herzen quillt:

"Du Hochgebenedeite,
Du reine Gottesmagd,
Du Königin des Himmels,
Dir sei mein Leid geklagt!

Ich wohnte mit meiner Mutter
Zu Köllen in der Stadt,
Der Stadt, die viele hundert
Kapellen und Kirchen hat.

Und neben uns wohnte Gretchen,
Doch die ist tot jetzund -
Marie, dir bring ich ein Wachsherz,
Heil du meine Herzenswund'.

Heil du mein krankes Herze -
Ich will auch spät und früh
Inbrünstiglich beten und singen:
'Gelobt seist du, Marie!'"

3.

Der kranke Sohn und die Mutter,
Die schliefen im Kämmerlein;
Da kam die Muttergottes
Ganz leise geschritten herein.

Sie beugte sich über den Kranken,
Und legte ihre Hand
Ganz leise auf sein Herze,
Und lächelte mild und schwand.

Die Mutter schaut alles im Traume,
Und hat noch mehr geschaut;
Sie erwachte aus dem Schlummer,
Die Hunde bellten so laut.

Da lag dahingestrecket
Ihr Sohn, und der war tot;
Es spielt auf den bleichen Wangen
Das lichte Morgenrot.

Die Mutter faltet die Hände,
Ihr war, sie wußte nicht wie;
Andächtig sang sie leise:
"Gelobt seist du, Marie!"

<small>(I, 154 ff - Buch der Lieder. Die Heimkehr)</small>

Wenn irgend jemand behauptet, Heine sei lediglich ein Spötter voller Sarkasmus und Ironie, dem nichts heilig sei, der irrt sich. Er sollte nur dieses eine Gedicht lesen; auch einem solchen armen Menschen wird dann nächtens die Muttergottes erscheinen, milde lächeln, ihre Hand auf sein Herz legen und seinen Irrglauben heilen.

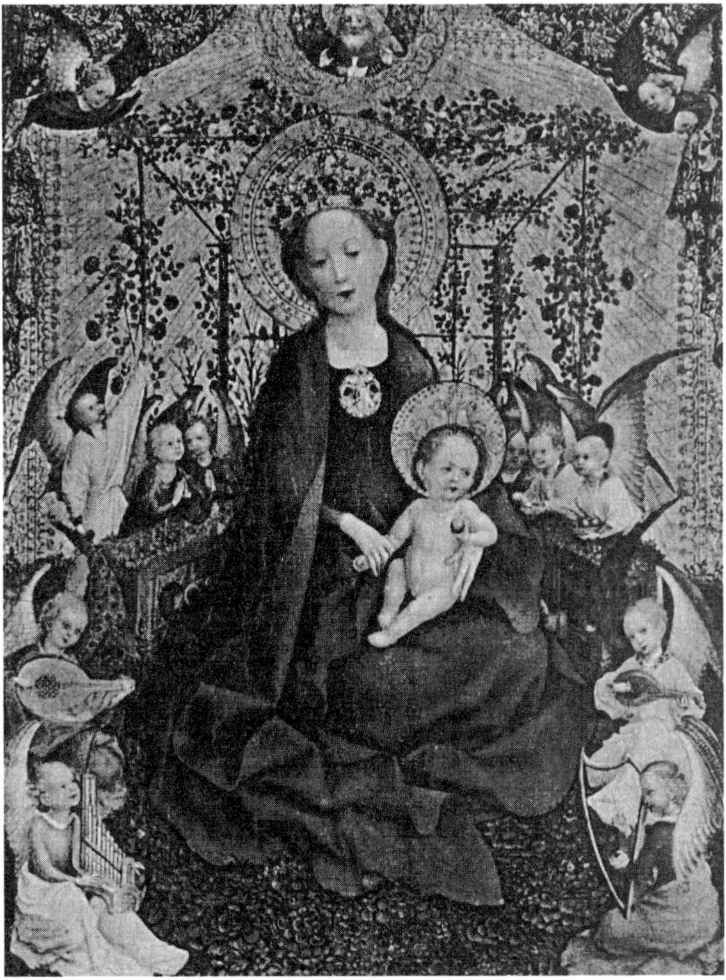

"Es schweben Blumen und Englein
um Unsre liebe Frau ... "
Stephan Lochner, "Madonna im Rosenhag",
Tafelbild auf Eichenholz (um 1448)

Wie menschlich kann doch das Heilige sein, besonders im Rheinland:

> Im Rhein, im schönen Strome,
> Da spiegelt sich in den Well'n,
> Mit seinem großen Dome,
> Das große, heilige Köln.
>
> Im Dom, da steht ein Bildnis
> Auf goldenem Leder gemalt;
> In meines Lebens Wildnis
> Hat's freundlich hineingestrahlt.
>
> Es schweben Blumen und Englein
> Um Unsre liebe Frau;
> Die Augen, die Lippen, die Wänglein,
> Die gleichen der Liebsten genau.
>
> (I, 72 - Buch der Lieder. Lyrisches Intermezzo, Nr. 11)

Da fallen uns natürlich die schönen Madonnenbilder von Stephan Lochner ein [39] *- und vielleicht geht uns das Herz auf:*

> Andre beten zur Madonne,
> Andre auch zu Paul und Peter;
> Ich jedoch, ich will nur beten
> Nur zu dir, du schöne Sonne.
>
> Gib mir Küsse, gib mir Wonne,
> Sei mir gütig, sei mir gnädig,
> Schönste Sonne unter den Mädchen,
> Schönstes Mädchen unter der Sonne!
>
> (I, 125 f - Buch der Lieder. Die Heimkehr)

---

[39] *Stephan Lochner, geb. ca. 1400 in Meersburg, gest. 1451 in Köln, bedeutendster spätgotischer Maler der "Kölner Schule"*

Von der Madonna "Maria mit dem Kinde lieb" auf ihrem Arm zum "lecker Mädchen" im eigenen Arm - das ist für den Rheinländer Heinrich Heine nur ein ganz kleiner Schritt. Obwohl: die rheinischen mittelalterlichen Mystiker, wie beispielsweise der Kölner Meister Eckehart oder sein Schüler Heinrich Seuse, hätten das in ihrer "Marien-Minne" wohl eher genau umgekehrt gesehen. Naja, Mystiker eben!

Mathilde Heine.
Nach einer Photographie.

"... in meines Lebens Wildnis
hat's freundlich hineingestrahlt"
Mathilde Heine (1815 - 1883). Heinrich Heine lebte mit Eugénie Crescence Mirat, die er "Mathilde" nannte, seit 1834 zusammen und heiratete sie am 31. September 1841.

"... ABER IST DAS EINE ANTWORT?"

Machen wir aber jetzt zum Schluß einen großen Schritt vom heiteren Wellenschlag des sonnigen Rheins hin zur Düsternis des Leidens und Sterbens, Heines jahrelanges Krankenlager in der "Matratzengruft" des Pariser Exils:

O Gott, verkürze meine Qual,
Damit man mich bald begrabe;
Du weißt ja, daß ich kein Talent
Zum Martyrtume habe.

Ob deiner Inkonsequenz, o Herr,
Erlaube, daß ich staune;
Du schufest den fröhlichsten Dichter, und raubst
Ihm jetzt seine gute Laune.

Der Schmerz verdumpft den heitern Sinn
Und macht mich melancholisch;
Nimmt nicht der traurige Spaß ein End',
So werd ich am Ende katholisch.

Ich heule dir dann die Ohren voll,
Wie andere gute Christen -
O Miserere! Verloren geht
Der beste der Humoristen.

(IV, 101 f - Nachlese zu den Gedichten. 1848 - 1856, Lamentationen)

Den "Besten der Humoristen" verläßt sogar dann nicht ganz seine ironische Selbsteinschätzung, wenn er sein erbärmliches Siechtum beschreibt:

Ich bin kein göttlicher Bipede mehr; ich bin nicht mehr der "freieste Deutsche nach Goethe", wie mich Ruge[40] in gesündern Tagen genannt hat; ich bin nicht mehr der große Heide Nr. 2, den man mit dem weinlaubumkränzten Dionysus verglich, während man meinem Kollegen Nr. 1 den Titel eines großherzoglich weimarschen Jupiters erteilte; ich bin kein lebensfreudiger, etwas wohlbeleibter Hellene mehr, der auf trübsinnige Nazarener herablächelte - ich bin jetzt nur ein armer todkranker Jude, ein abgezehrtes Bild des Jammers, ein unglücklicher Mensch!

(XIV, 104 - Kleine Schriften 1840-1856. Öffentliche Erklärungen, Nr. IV Berichtigung)

„... ein armer todkranker Jude, ein abgezehrtes Bild des Jammers, ein unglücklicher Mensch." Und Heine stellt sich die Frage: "Warum muß der Gerechte soviel leiden auf Erden?":

... warum muß der Gerechte soviel leiden auf Erden? ... Das Buch Hiob löst nicht diese böse Frage. Im Gegenteil, dieses Buch ist das Hohelied der Skepsis, und es zischen und pfeifen darin die entsetzlichen Schlangen ihr ewiges: Warum? ... Ich habe mir oft diese Frage gestellt. ... Ja, wie der Mensch, wenn er leidet, sich ausweinen muß, so muß er sich auch auszweifeln, wenn er sich grausam gekränkt fühlt in seinen Ansprüchen auf Lebensglück; und wie durch das heftigste Weinen, so entsteht auch durch den höchsten Grad des Zweifels, den die Deutschen so richtig die Verzweiflung nennen, die Krisis der moralischen Heilung. - Aber wohl demjenigen, der gesund ist und keiner Medizin bedarf!

(XIV, 57 f - Kleine Schriften 1840-1856, aus Ludwig Marcus, Denkworte)

---

[40] *Arnold Ruge, 1802-1882, Deutscher Publizist, Weggefährte von Karl Marx, von dem er sich später trennte, Mitglied der Frankfurter Nationalversammlung*

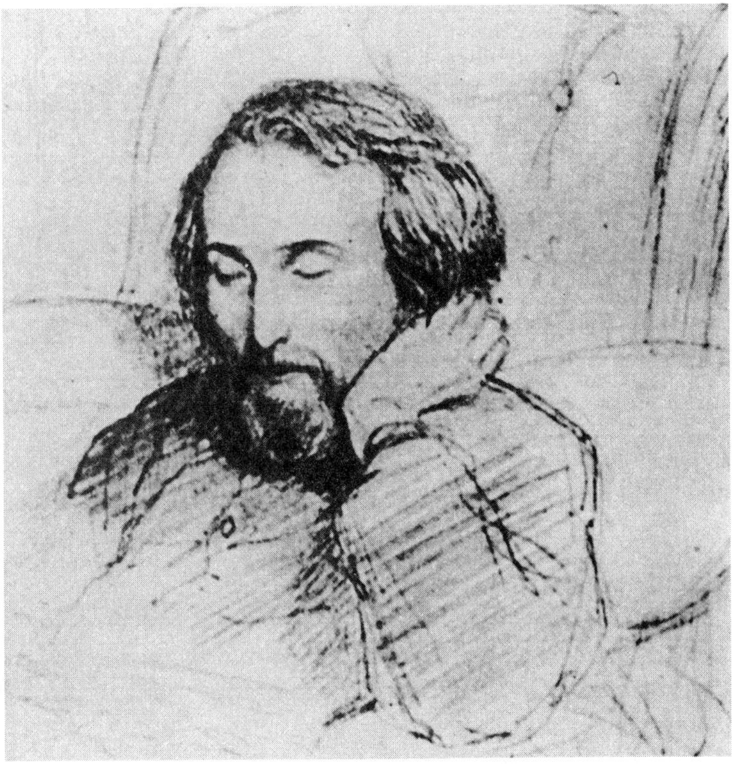

"O Gott, verkürze meine Qual,
damit man mich bald begrabe ... "
"Lazarus" Heine, im Alter von 55 Jahren, schon deutlich von der fortschreitenden Rückenmarkserkrankung gezeichnet, die Augenlider bereits gelähmt und geschlossen, mit Vollbart; denn die empfindliche Haut verträgt keine Rasur mehr. Zeichnung von Charles Gabriel Gleyre

"Warum muß der Gerechte soviel leiden auf Erden?" - diese Frage bleibt unbeantwortet. Weder der von Geschwüren geplagte Hiob auf seinem Aschehaufen noch der leidende Heine in seiner Matratzengruft wissen die Lösung dieses Problems. Beide fügen sich demütig in die Schmerzen ihres Körpers und in das Leiden ihrer Seele, in das ohnmächtige Nichtwissen ihres Geistes. Sie warten auf Antwort:

Laß die heil'gen Parabolen,
Laß die frommen Hypothesen -
Suche die verdammten Fragen
Ohne Umschweif uns zu lösen.

Warum schleppt sich blutend, elend,
Unter Kreuzlast der Gerechte,
Während glücklich als ein Sieger
Trabt auf hohem Roß der Schlechte?

Woran liegt die Schuld? Ist etwa
Unser Herr nicht ganz allmächtig?
Oder treibt er selbst den Unfug?
Ach, das wäre niederträchtig.

Also fragen wir beständig,
Bis man uns mit einer Handvoll
Erde endlich stopft die Mäuler -
Aber ist das eine Antwort?
(III, 193 f - Gedichte. 1853 und 1854, Zum Lazarus Nr. 1)

Der Mensch auf der Suche nach Sinn - das ewige Thema, das auch in Goethes Faust dominiert: "Ich sehe, daß wir nichts wissen können. Das will mir schier das Herz verbrennen." Ohne eine Antwort zu erhalten, müssen wir Abschied nehmen von "diesem traulich süßen Erdenneste!" - so klagt Heine in einem späten Sonett:

> Mein Tag war heiter, glücklich meine Nacht.
> Mir jauchzte stets mein Volk, wenn ich die Leier
> Der Dichtkunst schlug.   Mein Lied war Lust und Feuer,
> Hat manche schöne Gluten angefacht.
>
> Noch blüht mein Sommer, dennoch eingebracht
> Hab ich die Ernte schon in meine Scheuer -
> Und jetzt soll ich verlassen, was so teuer,
> So lieb und teuer mir die Welt gemacht!
>
> Der Hand entsinkt das Saitenspiel. In Scherben
> Zerbricht das Glas, das ich so fröhlich eben
> An meine übermüt'gen Lippen preßte.
>
> O Gott! wie häßlich bitter ist das Sterben!
> O Gott! wie süß und traulich läßt sich leben
> In diesem traulich süßen Erdenneste!
>
> (IV, 95 - Nachlese zu den Gedichten. 1848 - 1856, Lamentationen)

"In Scherben zerbricht das Glas, das ich so fröhlich an meine übermüt'gen Lippen preßte." Mit der Wehmut greift auch die Demut Platz, gepaart mit selbstkritischer Einsicht und einer gewissen Zuversicht:

... Denn daß es einen Himmel gibt, liebster Max, das ist jetzt ganz gewiß, seit ich diesen so sehr nötig habe bei meinen Erdenschmerzen. ... Leb wohl, mein teurer Bruder, der Gott unserer Väter erhalte Dich. Unsere Väter waren wackere Leute: sie demütigten sich vor Gott und waren deshalb so störrisch und trotzig den Menschen, den irdischen Mächten gegenüber; ich dagegen, ich bot dem Himmel frech die Stirn und war demütig und kriechend vor den Menschen - und deswegen liege ich jetzt am Boden wie ein zertretener Wurm. Ruhm und Ehre dem Gott in der Höhe!

(An Maximilian Heine - Paris, 3. Mai 1849)

"Ruhm und Ehre dem Gott in der Höhe!" - "Baruch ata adonoj, eluhenu melech ha olam!" so heißt eine Lobpreisung bei den Juden - und: "Te deum laudamus" - "Großer Gott wir loben dich" so lautet bei den Christen der Anfang eines alt- kirchlichen Hymnus - und "In te, Domine, speravi - non confundar in aeternum!" - "Auf dich hoffen wir allein, laß uns nicht verloren sein" so lauten die letzten Worte dieses Hymnus.

Über die letzten Worte Heines gibt es von unterschiedlichen Zeugen unterschiedliche Aussagen. Zwei Sätze aus Gesprächen wenige Tage vor seinem Tod sind jedoch von befreundeten Besuchern überliefert:

Je suis revenue à Jéhovah!

(Gustave Mayer - Paris, Februar 1856)

N'en doute pas, ma chère,
    il me pardonnera, c'est son métier![41]

(Fréderic Baudry - Paris, Februar 1856)

Heinrich Heine stirbt am 17. Februar 1856. Wenige Tage später wird er auf dem Friedhof von Montmartre begraben.

Wo wird einst des Wandermüden
Letzte Ruhestätte sein?
Unter Palmen in dem Süden?
Unter Linden an dem Rhein?

---

[41] *"Ich bin zurückgekehrt zu Jehova!" - "Ganz ohne Zweifel, er wird mir verzeihen - Verzeihen, das ist ja schließlich sein Métier!"*

Werd ich wo in einer Wüste
Eingescharrt von fremder Hand?
Oder ruh ich an der Küste
Eines Meeres in dem Sand?

Immerhin! Mich wird umgeben
Gotteshimmel, dort wie hier,
Und als Totenlampen schweben
Nachts die Sterne über mir.

(IV, 91 - Nachlese zu den Gedichten 1848 - 1856, Lamentationen)

"Gotteshimmel wird mich umgeben - und die Sterne an diesem Himmel sind Gewähr für diese Gewißheit". Da erübrigt sich jedes konfessionelle Ritual, sei es nun jüdisch oder sei es christlich:

> Keine Messe wird man singen,
> Keinen Kadosch wird man sagen,
> Nichts gesagt und nichts gesungen
> Wird an meinen Sterbetagen.
>
> Doch vielleicht an solchem Tage,
> Wenn das Wetter schön und milde,
> Geht spazieren auf Montmartre
> Mit Paulinen Frau Mathilde.
>
> Mit dem Kranz von Immortellen
> Kommt sie, mir das Grab zu schmücken,
> Und sie seufzet: "Pauvre homme!"
> Feuchte Wehmut in den Blicken.

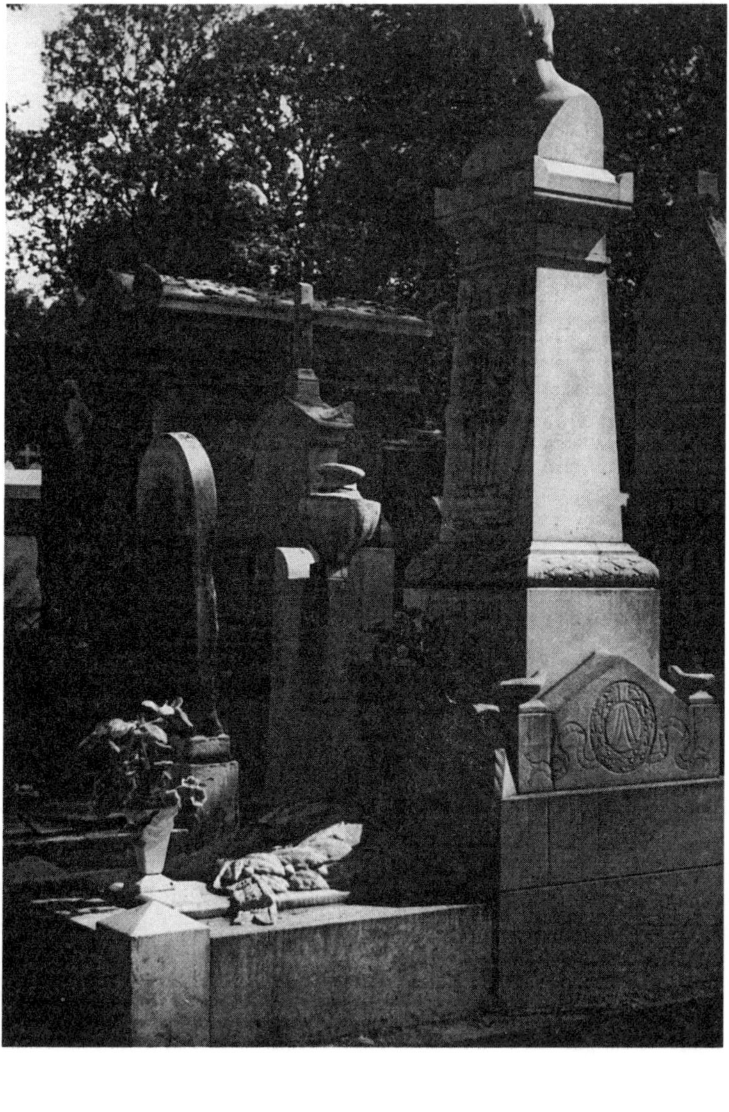

"Wo wird einst des Wandermüden
letzte Ruhestätte sein? ... "

Heines Grab auf dem Friedhof Montmartre

Leider wohn ich viel zu hoch
Und ich habe meiner Süßen
Keinen Stuhl hier anzubieten;
Ach, sie schwankt mit müden Füßen.

Süßes, dickes Kind, du darfst
Nicht zu Fuß nach Hause gehen;
An dem Barrieregitter
Siehst du die Fiaker stehen.
(III, 108 - Romanzero. Zweites Buch, Lamentationen, Nr. 12
"Gedächtnisfeier")

Es ist spät geworden. Sollten auch für uns draußen Fiaker bereitstehen? Lassen wir sie nicht mehr allzu lange warten! Schließen wir dieses Buch und trinken wir einen letzten Schluck mit einem freundlichen jüdischen Trinkspruch auf das Wohl Heinrich Heines. Sein Andenken sei uns zum Segen:

"Le'chaim!" - "Zum Leben!".

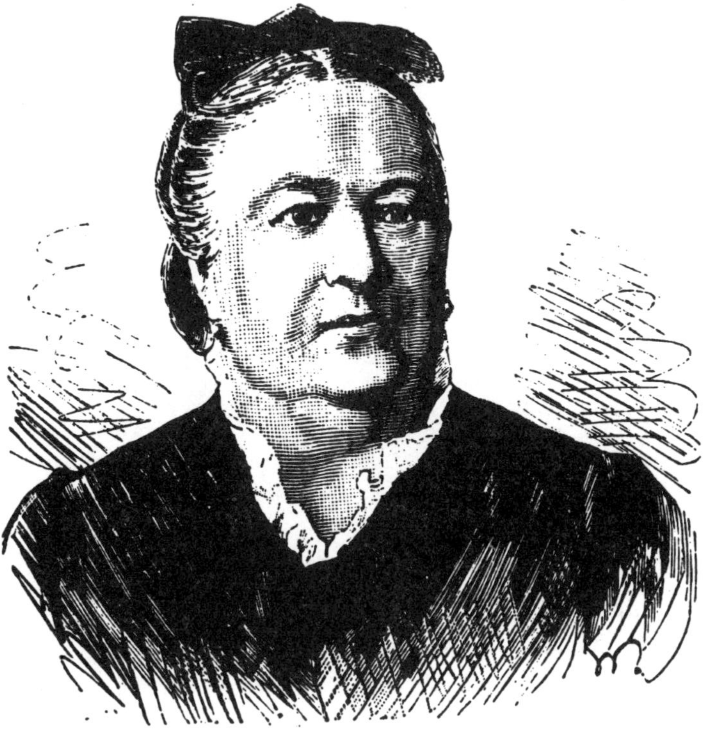

„... süßes, dickes Kind, du darfst
nicht zu Fuß nach Hause gehen ... "
Mathilde Heine

STATT EINES SCHLUSSES

Diese Anthologie zeigt uns Heinrich Heine als religiösen Denker. Mit einer Vielzahl durchaus widersprüchlicher, stets aber brillant formulierter Beobachtungen gibt sie uns Anlass, eigene Denkgewohnheiten zu hinterfragen, auch selbst Rätsel zu entdecken.

Wie weit Heinrich Heine persönlich der Gottsucher war, als der er sich in den hier ausgewählten Texten vorstellt, ist schwer zu sagen; sicher ist er es nicht in allen Momenten, in denen er schrieb, gleichermaßen gewesen. Gleichviel, Heine verschanzt sich hinter einem Panzer von Ironie - der Ironie des Verletzten, die bis heute so typisch ist für die Texte jüdischer Literaten in deutscher Sprache.

Was Heine mit Sicherheit suchte und vor allem als junger Mensch dringend gebraucht hätte, ist Anerkennung. Dazu hat ihm weder ein Rechtsstudium mit Doktorabschluss verholfen, noch die Taufe durch einen lutherischen Pastor (der ihm, dem längst Informierten, den Konfirmationsunterricht erließ), noch die Konversion zum Katholizismus und sonstige Angleichungen an die liberalere französische Gesellschaft. Eher waren es seine Dichtungen selbst, für die er beachtet wurde. Sie dienten ihm auch dazu, religiöse Fragen aufzuwerfen, für die ihm die kompetenten Partner fehlten.

Heines hier gesammelte Texte sind ein Versuch, anzurennen gegen die Wand des überlieferten christlichen Antijudaismus. mit dem die angeblich so verstockten Juden auch als Übergetretene nicht akzeptiert wurden. Die deutsche Geschichte des 19. und frühen 20. Jahrhunderts ist überreich an Beispielen. Wir schweigen hier von der nationalistischen und später sogar rassistischen Komponente dieses seit Heines Zeiten so stark angewachsenen Vorurteils. Der Literaturanhang mag zur Verfolgung dieser Spuren dienen sowie zur Befragung unserer Haltung in der Gegenwart.

Wir werden also die Stellen, wo Heine religiöses Ritual - es ist doch meist das jüdische - ganz epikuräisch auf gutes Essen hinauslaufen lässt ("Was Gott kocht, ist gut gekocht"), nicht als sein letztes Wort betrachten. Die Blasphemien solcher Formulierungen spiegeln die gelebte Blasphemie jener christlichen Pharisäer wider, die "das Himmelreich zuschließen vor den Menschen; sie gehen selbst nicht hinein, und die hinein wollen, lassen sie nicht hineingehen." (vgl. Matthäus 23,13). Ihnen gegenüber darf die Frage schon gestellt werden, ob es ein solches Himmelreich überhaupt gibt.

Vor dessen Toren aber wird wenigstens gut gegessen und getrunken. Der Anlass, das vorliegende Bändchen zu veröffentlichen, ergab sich, wie eingangs erwähnt, in entspannter Atmosphäre und bei gepflegten Getränken, in einem unnachahmlichen Gleichgewicht aus Heiterkeit und Ernst. Beides möge dieser Band nun weitertragen vor aufmerksame Augen, vielleicht auch Ohren - sei es in der Privatheit, sei es, besser noch, in der Geselligkeit.

Folker Siegert
Institutum Judaicum Delitzschianum an der Universität Münster

LITERATURHINWEISE

Hannah Arendt
RAHEL VARNHAGEN
Lebensgeschichte einer deutschen Jüdin aus der Romantik
Verlag R. Piper München 1959
Lizenzausgabe Verlag Ullstein Frankfurt Berlin Wien 1975
ISBN 3-548-03091-2

Leo Baeck
DAS WESEN DES JUDENTUMS
(Reprint der vierten Auflage von 1925)
Verlag Joseph Melzer Darmstadt
Lizenzausgabe Fourier Verlag Wiesbaden o. J.
ISBN 3-921695-24-4

Lionel Blue
WIE KOMMT EIN JUDE IN DEN HIMMEL?
Der jüdische Weg zu Gott
Mit einem Nachwort von Heinrich Spaemann
Kösel-Verlag München 1976
ISBN 3-466-20101-2

Lionel Blue, June Rose
EIN VORGESCHMACK DES HIMMELS
Abenteuer religiöser Kochkunst
Kösel-Verlag München 1979
ISBN 3-466-20185-3

Ismar Elbogen, Eleonore Sterling
DIE GESCHICHTE DER JUDEN IN DEUTSCHLAND
Eine Einführung
Europäische Verlagsanstalt Frankfurt 1966

Helmut Eschwege
DIE SYNAGOGE IN DER DEUTSCHEN GESCHICHTE
VEB Verlag der Kunst Dresden 1980

Liselotte Folkerts
HEINES BEZIEHUNGEN ZU MÜNSTER
in "Auf Roter Erde", Monatsblätter für Landeskunde und
Volkstum Westfalens, Heimatbeilage der "Westfälischen
Nachrichten", Nr. 236, 37. Jahrgang
Verlag Aschendorff Münster 1981

DIE GESCHICHTE DER JUDEN
IM RHEINLAND UND IN WESTFALEN
Herausgegeben von Michael Zimmermann
Mit Beiträgen von Diethard Aschoff, Suzanne Zittartz,
Yvonne Rieker, Michael Zimmermann, Micha Guttmann
Schriften zur polit. Landeskunde Nordrhein-Westfalens, Bd. 11
Verlag W. Kohlhammer Köln 1998
ISBN 3-17-014191-0

Friedrich Heer
GOTTES ERSTE LIEBE
2000 Jahre Judentum und Christentum
Genesis des österreichischen Katholiken Adolf Hitler
Bechtle Verlag München/Esslingen 1967

HEINRICH HEINE
in Selbstzeugnissen und Bilddokumenten
Dargestellt von Ludwig Marcuse
Rowohlt Taschenbuch Verlag Reinbek 1960

Helmut Hirsch
FREIHEITSLIEBENDE RHEINLÄNDER
Neue Beiträge zur deutschen Sozialgeschichte
Econ Verlag Düsseldorf/Wien 1977
ISBN 3-430-14693-3

DIE JUDEN ALS MINDERHEIT IN DER GESCHICHTE
Herausgegeben von Bernd Martin und Ernst Schulin
Deutscher Taschenbuch Verlag München 1981
ISBN 3-423-01745-7

JUDEN UND JUDENTUM IN DER LITERATUR
Herausgegeben von Herbert A. Strauss und Christhard Hoffmann
Deutscher Taschenbuch Verlag München 1985
ISBN 3-423-10513-5

DAS JUNGE DEUTSCHLAND
Texte und Dokumente
Herausgegeben von Jost Hermand
Verlag Philipp Reclam jun. Stuttgart 1966

KÖLN UND DAS RHEINISCHE JUDENTUM
Festschrift Germania Judaica 1959-1984
Herausgegeben von Jutta Bohnke-Kollwitz, Willehad Paul Eckert,
Frank Golczewski, Hermann Greive
Verlag J. P. Bachem Köln 1984
ISBN 3-7616-0719-9

Bernd Kortländer
HEINRICH HEINE
Verlag Philipp Reclam jun. Stuttgart 2003
ISBN 3-15-017638-7

Gerhard Lisowsky
KULTUR- UND GEISTESGESCHICHTE
DES JÜDISCHEN VOLKES
Von Abraham bis Ben Gurion
Verlag W. Kohlhammer Stuttgart Berlin Köln Mainz 1968

Frieder Lötzsch
DIE DEUTSCH-JÜDISCHE SYMBIOSE IM 18. JAHRHUNDERT
UND DIE GRÜNDE FÜR IHR SCHEITERN
in Folker Siegert (Hg.): Israel als Gegenüber. Vom Alten Orient bis
in die Gegenwart. Studien zur Geschichte eines wechselvollen
Zusammenlebens,
(Schriften des Institutum Judaicum Delitzschianum, 5),
Ss. 420-435
Verlag Vandenhoeck & Ruprecht Göttingen 2000
ISBN 3-525-54204-6

Frieder Lötzsch
PROPHETENTUM UND WAHRHEITSLIEBE IM DENKEN
HEINRICH HEINES
in Peter Freimark (Hg.): Gedenkschrift für Bernhard Brilling,
(Hamburger Beiträge zur Geschichte der deutschen Juden, 14),
Ss. 205 - 217
Christians Verlag Hamburg 1988
ISBN 3 - 7672 - 1054 - 1

Johann Maier
DAS JUDENTUM
Von der biblischen Zeit bis zur Moderne
(Kindlers Kulturgeschichte)
Kindler Verlag München 1973
ISBN 3 - 463 - 13694 - 5

Fritz Mende
HEINRICH HEINE
Chronik seines Lebens und Werkes
Herausgegeben von den Nationalen Forschungs- und
Gedenkstätten der klassischen deutschen Literatur in Weimar
Akademie Verlag Berlin 1970

METZLER LEXIKON
DER DEUTSCH-JÜDISCHEN LITERATUR
Jüdische Autorinnen und Autoren deutscher Sprache
von der Aufklärung bis zur Gegenwart
Herausgegeben von Andreas B. Kilcher
Verlag J. B. Metzler Stuttgart Weimar 2000
ISBN 3 - 476 - 01682-X

NEUES LEXIKON DES JUDENTUMS
Herausgegeben von Julius H. Schoeps
Bertelsmann Lexikon Verlag Gütersloh München 1998
ISBN 3 - 577 - 10604 - 2

Jakob J. Petuchowski, Clemens Thoma
LEXIKON DER JÜDISCH-CHRISTLICHEN BEGEGNUNG
Hintergründe - Klärungen - Perspektiven
Überarbeitete und erweiterte Neuausgabe
Verlag Herder Freiburg Basel Wien 1997
ISBN 3-451-04581-8

Marcel Reich-Ranicki
ÜBER RUHESTÖRER
Juden in der deutschen Literatur
Erweiterte Neuausgabe
Deutscher Taschenbuch Verlag München 1993
ISBN 3-423-11677-3

Kurt Schubert
JÜDISCHE GESCHICHTE
Verlag C. H. Beck München 1995
ISBN 3-406-39175-3

Hans J. Schütz
VERBOTENE BÜCHER
Eine Geschichte der Zensur von Homer bis Henry Miller
Verlag C. H. Beck München 1990
ISBN 3-406-34007-5

SIDUR SEFAT EMET
Jüdisches Gebetbuch mit deutscher Übersetzung
von Rabbiner Dr. S. Bamberger
Victor Goldschmidt Verlag Basel o. J.

Leo Trepp
DIE JUDEN
Volk, Geschichte, Religion
Rowohlt Taschenbuch Verlag Reinbek 1998
ISBN 3-499-60618-6

Abbildungsnachweis

Medienzentrum Rheinland (Einband, 23, 47, 55)
Museum für Hamburgische Geschichte (129)
Rheinisches Bildarchiv Köln (111)
Privat (33, 99, 125)
Staatsbibliothek Berlin, bpk 2004 (79, 119, 115)
Ullstein Bild (5, 41)